农村劳动者权益保护丛书

如何保障农村老年人的权益

主　编　胡东华
副主编　陈　红
编　写　郭　苗　刘素枚　李　亮
　　　　杨　军　刘　津　吕宙飞
　　　　高永军　温　晴　韩　冰
　　　　江治亚　苗伟东　吴　燕
　　　　梁元东　刘　敬　钟典良
　　　　吴晓燕　王新星　伍勇丽
　　　　范开迪　杨文良　杨晓霞

中国财政经济出版社

图书在版编目（CIP）数据

如何保障农村老年人的权益/胡东华主编．—北京：中国财政经济出版社，2011.10

（农村劳动者权益保护丛书）

ISBN 978-7-5095-3170-9

Ⅰ.①如…　Ⅱ.①胡…　Ⅲ.①老年人权益保障法-基本知识-中国　Ⅳ.①D923.8

中国版本图书馆 CIP 数据核字（2011）第 202090 号

责任编辑：孙　琛　　　责任校对：胡永立

封面设计：汪俊宇　　　版式设计：文　通

中国财政经济出版社出版

URL：http：//www.cfeph.cn

E-mail：cfeph@cfeph.cn

社址：北京市海淀区阜成路甲 28 号　邮政编码：100142

发行处电话：88190406　财经书店电话：64033436

北京财经印刷厂印刷　　各地新华书店经销

880×1230 毫米　32 开　4.125 印张　108 000 字

2011 年 9 月第 1 版　2012 年 5 月北京第 4 次印刷

定价：20.00 元

ISBN 978-7-5095-3170-9/D·0160

（图书出现印装问题，本社负责调换）

本社质量投诉电话：010-88190744

目　录

第一部分　农村老年人生活的基本现状描述

当前，在中国人口结构中，老年人所占比例逐步增大，中国人口老龄化状况日趋严重。农村老年人相对城市老年人处于弱势，而他们往往被社会忽视。现实中，农村老年人无论是从精神上还是物质上情况令人堪忧，与我们构建的和谐社会极不相称，这些都要求农村家庭和政府组织给予充分关注，采取措施，解决问题，使农村老年人能够老有所依，使我们的社会更加和谐。

一、农村老年人的物质现状

（一）居住环境差

农村大多数为瓦房，不少家庭条件较好的住上了楼房或平房。而对于老年人，尤其是与子女分居、子女外出务工的老人，他们大多数人居住在古老的瓦房中。由于农村人特有的生活习惯，院落中的物品摆放较为杂乱；现在大多数家中电视已经普及，但有一些老人独居的家中并没有电视，所以他们的精神生活可以说还是一片空白。

（二）经济收入低

农村老年人由于年龄大，失去了劳动能力基本没有劳动收入，主要依靠子女。有些年龄不是很大、还没有完全失去劳动能力的老年人，常年从事繁重的田间劳动，由于按照传统方式耕作，收入也极少。对于60岁以上的老人来说，其收入主要来自于劳动收入（个人积蓄）。对于那些身体尚好或有手艺的人（大多在60—65岁之间）他们还会向年轻人一样外出务工以增加收入。除劳动收入外，老年人资金来源还有子女供给、政策扶持，然而，这些都是有条件的。如，子女与老年人的关系是否融洽，子女经济条件，子女是否有尊老爱老意识愿意支出。

（三）社会保障缺失

我国目前还没有将农村老年人与城市老年人给予同等待遇，城市老年人有养老保险金或退休金，而农村老年人却没有任何保障。尽管我国2009年9月份规定，在全国10%的县区进行新农保试点，对于年满60周岁的老人，每个月最低可以领取55元的养老金，有条件的可以适当提高，可是55元对于生活的改善基本没有多大意义。

（四）医疗现状堪忧

由于我国户籍制度的二元制，我国占人口大比例的农村公民并没有完全被列入医疗保险，因此，农村人看病基本都是自已承担，而由于农村的低收入，农村人基本上都有一个习惯，小病不看，大病不住院。而农村老年人又处于没有收入的状态，老年人的医疗费用还是由儿女承担，如果子女收入尚可，老人生病的时候还能得到入院治疗，但这也是在得大病的前提之下，至于平时的一些小病，老年人都习惯不治疗，依靠自身的抵抗力自行恢复。

二、农村老年人的精神生活现状

（一）家庭氛围方面

当前农村，由于家庭架构的变化，过去的大家庭已经不复存在，往往是家里的小两口单过，老年夫妇自己生活。据调查，农村现在76%的家庭都是两代人分开过，这些家庭的儿女只是仅仅负责父母的平时物质需求，一般和父母精神交流很少，能满足老年人的物质需求的在农村就是孝顺的表现了，有些地方出现的虐待老年人的现象，老年人和儿媳关系紧张，老人基本就享受不到天伦之乐，甚至有的还存在打骂老人的现象。而另外一些儿女外出打工，老人常年见不上儿女面，和儿女联系只能依靠电话，打电话成了老年人精神慰藉的主要方式。

（二）精神娱乐方面

农村相比城市而言，文化娱乐设施比较匮乏，基本上没有什么图书馆、健身馆以及人员活动比较集中的公园，因此就决定了农民的精神娱乐单调。年轻人的精神娱乐消费都比较匮乏，主要是看电视、聊天、打牌。和外界交流比较少的老年人更觉寂寞。

（三）农村社团组织方面

农村由于基本是家庭联产承包责任制，主要活动以家庭为单位，农村基本不组织什么活动，除了党小组以外，也没有什么社团组织，老年人基本没有集体活动。

三、如何改善农村老年人生活现状？

我国现在已经进入老龄化社会，尊老是我们中华民族的优良传统，要建立和谐社会，应从以下几个方面着手。

（一）建立健全农村社会保障制度

各级政府要逐步建立健全以社会保险、社会救助、社会福利、社会慈善为主要内容的农村社会保障体系，加大对农村社会福利的投入，加强社会救助的力度，并保证保障性分配真正到位。把符合条件的农村留守老人纳入低保范围，经济条件比较好的地区也可以放宽条件，扩大农村低保比例，从经济上保障老年人的基本生活。

（二）不断完善老年医疗保障体系，确保老有所医

按照人的生理演变，人的一生80%的医疗费用在60岁以后，但目前大部分老年人存在看病难的问题。主要因为经济拮据，无钱看病，有了病也只能“硬撑着”，身体机制的退行性改变以及疾病导致了老年期伤残及日常生活自理能力下降。疾病是导致农民陷入贫困的主要原因，特别是一些大病、重病，治疗费用可能要花费掉农民多年的积蓄，甚至只能举债治病。因此，为老年人提供基本医疗保险，满足他们的基本医疗需求，使老年人及其家庭不致因为疾病导致个人及家庭经济危机。

（三）注重对农村老人的精神赡养，确保老有所乐

目前大部分农村家庭往往注重的是对老人的物质赡养，而很少照顾到老人的精神需要。随着生活水平的日渐提高，农村老年人对精神赡养的需求也越来越强烈。既要解决好老有所养，还要考虑好老有所乐，使农村的老龄化也同城市一样，呈现积极健康的发展势头。鉴于电视、广播已成为老年人精神文化生活的重要娱乐载体，建议建立专门针对老年观众的电视频道、电台频率，多开发一些适合老年人观看、参与的电视、广播节目。积极探索农村电影放映的新方式新模式，加强农村影院的建设改造，采取定点、流动、录像放映等多种形式，更好地满足老年人的

精神文化需求；加大农村社区文化基础设施建设力度，使农村老人也能随时随地参加文化、娱乐、体育、健身活动；大力提倡和扶持各种有益于老年人身心健康的文化娱乐活动，举办各种适合农村老年人的文体比赛和活动，如老年体育趣味运动会、老年演唱会、老年健身操等，使老年人的精神生活更加充实。

四、建立健全农村社会保障制度

对老人的赡养，不能简单地停留在物质赡养的基础上。许多人认为，只要让老人吃好穿好，就是尽了子女的义务，其实不然，随着社会的进步和物质生活的一步步提高，在一定程度上，老人们更看重的是精神层面的赡养。为什么《常回家看看》一夜间就传遍了大江南北，久唱不衰？其更深层面的意义，恐怕也和精神赡养有关。

关爱老人，应该让老人老有所养，解决生存问题；让老人老有所乐，提高生活品质，过有意义的生活。首先，关爱老人应该让老人在生活上、物质上得到满足。这方面做子女的责无旁贷，应该在物质、金钱上满足老人的需要，让老人衣食无忧。同时也应充分发挥社会保障制度的作用。目前，城镇普遍建立了养老保障制度，城镇职工退休后在经济方面有基本的保障，但农村还是空白。其次，关爱老人还应该提高老人的生活品质，让老人幸福、有意义地生活。子女应该多关心老人，除了给钱之外多陪陪老人，让老人尽享天伦之乐。社会也应积极行动起来，建立各种各样的公益性或者营利性的组织，为老人组织活动、提供活动场地等，让老人老有所为，老有所乐。据报道，中国是典型的未富先老，所以老有所养的问题还没有得到全面解决，老有所乐更是有很大差距，这都需要社会共同努力。

第二部分　农村老年人都享有哪些基本权利

一、赡　养　权

1. 什么是赡养权?

所谓赡养，主要是指子女在经济上为父母提供必需的生活用品和费用的行为，即承担一定的经济责任，提供必要的经济帮助，给予物质上的帮助。

《宪法》规定，成年子女有赡养扶助父母的义务。《婚姻法》也规定：子女对父母有赡养扶助的义务，子女不履行赡养义务时，无劳动能力或生活困难的父母，有要求子女付给赡养费的权利。

赡养扶助的主要内容是指在现有经济和社会条件下，子女在经济上应为父母提供必要的生活用品和费用，在生活上、精神上、感情上对父母应尊敬、关心和照顾。

有经济负担能力的成年子女，不分男女、已婚及未婚的，在父母需要赡养时，都应依法尽力履行这一义务直至父母死亡。

子女对父母的赡养义务不仅发生在婚生子女与父母间，而且也发生在非婚生子女与生父母间，养子女与养父母间和继子女与履行了扶养教育义务的继父母之间。

为保障受赡养人的合法权益，《婚姻法》规定：子女不履行赡养义务时，无劳动能力的、或生活困难的父母，有要求子女付给赡养费的权利。对拒不履行者，可以通过诉讼解决，情节恶劣构成犯罪者，依法追究其刑事责任。

晚辈对长辈的赡养《婚姻法》规定：有负担能力的孙子女，外孙子女，对于子女已经死亡的祖父母、外祖父母，有赡养义务。

这种赡养是有条件的，即须孙子女、外孙子女有负担能力，且祖父母、外祖父母的子女已经死亡。

上述规定是保护老人合法权益的重要法律措施。

2. 对丧失劳动力的老年人其子女有哪些具体的赡养义务？

《婚姻法》第二十一条规定“子女对父母有赡养扶助的义务。子女不履行赡养义务时，无劳动能力的或生活困难的父母，有要求子女给付赡养费的权利。”

《老年人权益保障法》第十一条规定“赡养人应当履行对老年人经济上供养、生活上照料和精神上慰藉的义务，照顾老年人的特殊需要。赡养人是指老年人的子女以及其他依法负有赡养义务的人。

（1）赡养人应当在经济上供养老年人，保证老年人的基本生活需求。老年人的基本生活水平应当与其家庭成员的平均基本生活水平相当。对无经济收入或者收入低微的单独居住的老年人，赡养人应当按月给付赡养费。赡养人之间可以就履行赡养义务签订协议，并征得老年人同意。老年人也可以要求赡养人作出书面赡养保证。居民委员会、村民委员会或者赡养人所在组织监督协议、赡养保证的履行。

赡养人应当在生活上照料老年人，对患病或者生活不能自理的老年人，应当承担护理的责任。赡养人有义务耕种老年人承包的田地，照管老年人的林木和牲畜等，收益归老年人所有。赡养人及其家庭成员不得要求老年人承担力不能及的劳动。

赡养人及其家庭成员应当给老年人以精神上的慰藉，营造和睦友爱的家庭氛围。

（2）子女对父母有赡养扶助义务。

赡养是指子女在物质上和经济上为父母提供必要的生活条件；扶助则是指子女对父母在精神上和生活上的关心、帮助和照料。

子女对父母履行赡养扶助义务，是对家庭和社会应尽的责任。根据《中华人民共和国宪法》第四十九条的规定，成年子女有赡养扶助父母的义务。《中华人民共和国老年人权益保护法》的第十条规定，老年人养老主要依靠家庭，家庭成员应当关心和照料老人。

子女作为赡养人，应当履行对老年人经济上供养、生活上照料和精神上慰藉的义务，照顾老年人的特殊需要。儿子和女儿都有义务赡养父母，已婚妇女也有赡养其父母的义务和权利。

有经济能力的子女，对丧失劳动能力，无法维持生活的父母，都应予以赡养。

对不在一起生活的父母，应根据父母的实际生活需要和子女的负担能力，给付一定的赡养费用。赡养费用一般不低于子女本人或当地的普通生活水平，有两个以上子女的，可依据不同的经济条件，共同负担赡养费用。经济条件较好的子女应当自觉、主动地承担较大的责任。赡养人之间也可以就履行赡养义务签订协议，并征得老年人的同意。居民委员会、村民委员会或者赡养人所在单位监督协议的履行。

(3) 赡养人的义务具体表现为几个方面。

一是应当妥善安排老年人的住房，不得强迫老年人迁居条件低劣的房屋。老年人自有的或者承租的住房，子女或者其他亲属不得侵占，不得擅自改变产权或者租赁关系。老年人的自有住房，赡养人有维修的义务。二是赡养人不得要求老年人承担力不能及的劳动。三是赡养人不得以放弃继承权或者其他理由，拒绝履行赡养义务。赡养人不履行赡养义务，老年人有要求赡养人付给赡养费的权利。老年人的婚姻自由受法律保护。子女或者其他亲属不得干涉老年人离婚、再婚及婚后生活。赡养人不得因老年人的婚姻变化而消除。四是子女不仅要赡养父母，而且要尊敬父母，关心父母，在家庭生活中的各方面给予扶助。当父母在年老、体弱、病残时，更应妥善加以照顾，使他们在感情上得到慰藉，愉快地安度晚年。

对于不履行赡养父母义务的子女，父母有权追究其法律责任，需要赡养的父母可以通过有关部门进行调解或者向人民法院提起诉讼。人民法院在处理赡养纠纷时，应当坚持保护老年人的合法权益的原则，通过调解或者判决使子女依法履行赡养义务。对负有赡养义务而拒绝赡养，情节恶劣构成遗弃罪的，应当承担刑事责任。

（4）法定赡养费的给付内容。

老年人基本赡养费，主要包括老年人必然发生的衣、食费用及日常开支；老年人的生病治疗费用；生活不能自理老人的护理费用。如果老年人生活不能自理的，其子女有义务照料其基本生活，但其因故不能亲为时，他人或养老机构代为照料发生的有关费用应由子女支付；老年人的住房费用。赡养人有义务妥善安置老年人的住房。在其无房可供老人居住老人又无自住房的，则应将合理房租费用一并计算在赡养费内；必要的精神消费支出。但对老人最基本的精神享受物化支出如有线电视、收音机、书报等费用是完全可以作为赡养费给付内容确定由义务人承担；必要的保险金费用。除了社保外，老年人必要的医疗等保险金的支出亦应为赡养费用。保险不仅为老年人提供了最大限度的保护，也为子女分担了很大的风险，非常值得提倡。

3. 对再婚的父母，子女还有赡养的义务吗？

《中华人民共和国婚姻法》第十五条规定："子女对父母有赡养扶助的义务。"父母子女的关系基于血缘关系而产生，并不会因父母离婚或再婚而改变，生子女对再婚的父母仍有赡养义务。

《老年人权益保障法》第十八条规定："老年人的婚姻自由受法律保护。子女或者其他亲属不得干涉老年人离婚、再婚及婚后的生活。赡养人的赡养义务不因老年人的婚姻关系变化而消除。"这就是说，尊老养老不仅是我们中华民族的传统美德，而且是精神文明的具体体现，还是法律所规定的赡养人应尽的义务。所有虐待、遗弃老年人的行为，都是违背社会道义和法律规定的。对虐待、遗弃老人的行为，情节恶劣者要依法追究其法律责任。

子女在没有身体残疾生活不能自理的情况下，在法律上是必须要赡养父母的。无论父母是否离婚，子女都需要对父母双方进行赡养的义务。同样，无论子女判给谁抚顺，父母双方都有义务对子女尽抚养和教育的义务。

4. 对老年人有赡养义务的人遭到非法侵害而丧失劳动能力或死亡，老年人怎么办？

对老年人有赡养义务的人包括其子女、继子女、养子女、在其子女已经死亡或者无力赡养的情况下，由负担能力的成年孙子女、外孙子女也是对老年人有赡养义务的人。

《民法通则》第十六条规定，侵害公民身体健康的，应当赔偿医疗费、因务工减少的收入、残废者的生活补助费费用；造成死亡的，并应当支付丧葬费、死者生前抚养的人必要的生活费等费用。最高人民法院“关于贯彻执行《民法通则》若干问题的意见”第一百六十八条规定，侵害他人身体致人死亡、丧失全部或者部分劳动能力的，依靠受害人实际抚养而又没有其他生活来源的人的必要生活费，应当予以赔偿，其数额根据实际情况确定。死者先前抚养的此外人，是指能够满足生活必要费用，其数额的确定，以当地实际生活水平为准。

为了切实保护受害人及其家属的利益，在我国司法实践中，对于伤害致人死亡的，还应支付死亡补偿费。其具体的赔偿额计算，应以当地居民基本生活费作为标准，至于死亡补偿费的年限，一般参照《道路交通事故处理方法》处理。该处理办法第三十七条第八款规定，一般补偿10年，对于70周岁以上的，年龄每增加1岁减少1年，最低不少于5年。因此对老年人有赡养义务的人遭到非法侵害死亡的，老年人除要求伤害人给付必要的生活费外，还可以主张死亡的补偿费，从而使自己晚年生活有所保障。

如果没有子女，老人应该被列为五保户，享受集体照顾的待遇，不过老人的田地死亡后会被收回。

如果有子女，但子女不赡养老人，老人有以下救济途径：

老人生活确有困难，向组、村、乡镇申请低保；到法院起诉子女要求赡养费；把自己的土地房屋包给其他人，以收取相应的费用。

《道路交通事故处理方法》第三十七条规定，职工因工死亡，其直系亲属按照下列规定从工伤保险基金领取丧葬补助金、供养亲属抚恤金和一次性工亡补助金：

（1）丧葬补助金为6个月的统筹地区上年度职工月平均工资；

（2）供养亲属抚恤金按照职工本人工资的一定比例发给由因工死亡职工生前提供主要生活来源、无劳动能力的亲属。标准为：配偶每月40%，其他亲属每人每月30%，孤寡老人或者孤儿每人每月在上述标准的基础上增加10%。核定的各供养亲属的抚恤金之和不应高于因工死亡职工生前的工资。供养亲属的具体范围由国务院劳动保障行政部门规定；

（3）一次性工亡补助金标准为48—60个月的统筹地区上年度职工月平均工资。具体标准由统筹地区的人民政府根据当地经济、社会发展状况规定，报省、自治区、直辖市人民政府备案。

如果认定为工伤，还应当领到供养家属抚恤金。

职工因公死亡应发给丧葬补助金、供养亲属发恤金、一次性工亡补助金，具体标准如下：

（1）丧葬补助金按省、自治区、直辖市上年度职工平均工资6个月的标准发给；

（2）供养亲属抚恤金发给由死者生前提供主要生活来源的死者的亲属。其标准为：配偶每月按本省、自治区、直辖市上年度中月平均工资的40%发给，其他供养亲属每人每月按30%发给，孤寡老人或者孤儿每人每月在上述标准的基础上加发10%。抚恤金总额不得超过死者本人工资。当供养亲属丧失其供养条件时，不再享受该项抚恤金；

（3）一次性工亡补助金，标准为本省、自治区、直辖市上年度职工平均工资48—60个月的金额，具体标准为由省、自治区、直辖市确定。致残一级至四级而享受伤残抚恤金期间死亡的，一次性工亡补助金按金额标准的50%发给。

上诉各项工伤保险待遇中的伤残抚恤金和供养亲属抚恤金由省、自治区、直辖市根据上年度职工平均工资增长的一定比例每年调整一次。

5. 继子女对继父母有赡养义务吗?

继父母和继子女关系，是由于生父母一方死亡，另一方带子女再婚；或者父母离婚后，另行再婚而形成的。在通常情况下，继父母子女之间的关系属于姻亲范围。如果继父母与继子女形成抚养关系，或者继父（母）将继子女收养为养子女，他们才具有法律拟制直系血亲关系。

继父母子女关系有三种类型：

（1）名分型，即生父（母）与继母（父）再婚时，继子女已经成年独立生活；或虽未成年但仍由其生父母提供生活教育费，没有受继父或继母的抚养教育，也没有对继父或继母尽赡养义务。此类继父母子女关系为纯粹的直系姻亲关系。法律上并没有规定继父或继母对未成年继子女的抚育义务，是否抚育应以自愿为前提。

(2) 共同生活型，即生父（母）与继母（父）再婚时，继子女尚未成年，他们随生父母一方与继父或继母共同生活时，继父或继母对其承担了部分或全部生活教育费。或者成年继子女在事实上对继父母长期进行了赡养扶助，亦视为形成了抚育关系。此类继子女与生父母、继父母之间形成双重权利义务关系。未成年继子女可以同时接受生父母与继父或继母对其的抚育，将来成年后还要履行赡养生父母、继父或继母的义务，并可以继承生父母、继父或继母的遗产。

(3) 收养型，即继父或继母经继子女的生父母同意，已正式收养该继子女为其养子女。同时，该子女与共同生活的生母（父）一方仍为直系血亲关系，而与不在一起共同生活的生父（母）一方的权利义务随之消灭。

新中国建立后，继子女的法律地位得到了确认和保护。我国《婚姻法》（修正案）第二十七条明文规定："继父母与继子女间，不得虐待或歧视。继父或继母和受其抚养教育的继子女间的权利和义务，适用本法对父母子女关系的有关规定。"可见，形成抚育关系的继父母子女间的权利义务，是完全等同于生父母与子女间的权利义务的。我国《继承法》第十条规定："遗产按照下列顺序继承：第一顺序：配偶、子女、父母；……本法所说的父母子女，包括有抚养关系的继父母、继子女……。"1985 年 9 月最高人民法院"关于贯彻执行〈继承法〉若干问题的意见"第二十一条规定："继子女继承了继父母遗产的，不影响其继承生父母的遗产。继父母继承了继子女遗产的，不影响继承生子女的遗产。”

关于已形成抚育关系的继父母子女之间的权利、义务能否解除的问题，现行婚姻法未作明文规定。审判实践中，当再婚婚姻关系存续期间，对于尚未成年的继子女与继父母的关系，原则上不能解除。其次，如果继子女已经成年，并与继父母的关系恶化，经当事人提出请求，人民法院可以解除他们之间的权利义务关系。但是，对于已经丧失劳动能力、而且生活困难的继父母，该成年继子女仍有义务承担其晚年的生活费用。根据最高人民法院《关于人民法院审理离婚案件处理子女抚养问题的若干具体意见》法发（〈1993〉30 号）第十三条的规定：“生父与继母或生母与继父离婚时，对受其抚养教育的继子女，继父或继母不同意继续抚养的，仍应由生父母抚养。”此时，继父母与继子女已形成的拟制血亲关系随之解除。但是，当与继父或继母共同生活的生父母一方死亡时，继父或继母应当继续抚育未成年的在通常情况下，受继父母抚育成人并独立生活的继子女，应当承担赡养继父母的义务，双方关系原则上不能自然终止。但是，如果双方关系恶化，经当事人的请求，人民法院可以解除他们之间的权利义务关系。但是，成年继子女须承担丧失劳动能力、生活困难的继父母的晚年生活费用。

6. 收养关系被解除后养子女对养父母还有赡养义务吗?

收养关系解除后，经养父母抚养的成年养子女，对缺乏劳动能力又缺乏生活来源的养父母，应当给付生活费。因养子女成年后虐待、遗弃养父母而解除收养关系的，养父母可以要求养子女补偿收养期间支出的生活费和教育费。

《收养法》第二十九条规定："收养关系解除后，养子女与养父母及其他近亲属间的权利义务关系即行消除……"当收养关系解除后，原来存在于养父母与养子女之间的抚养与赡养义务当然消灭。所以，一般情况下，收养关系的解除，养父母子女之间的权利义务关系归于消灭。但是，基于社会生活的复杂多变，该条法律规定也有其特殊的例外情形。《收养法》第二十九条还规定"收养关系解除后，经养父母抚养的成年养子女，对缺乏劳动能力又缺乏生活来源的养父母，应当给付生活费……"

分析收养法第三十条，所谓后赡养义务，是指养子女与养父母解除收养关系后，对养父母承担的赡养义务。后赡养义务的确立有其深刻的理论依据和实践意义：第一，体现了法律的公平正义价值。追求公平正义是法律的初衷，体现在养父母与养子女关系上，养父母在养子女年幼时，履行了抚养义务，不仅给予了养子女物质上的抚养，也给予了其精神上的爱护和慰藉，作为回报，养子女在成年后对养父母也应当承担赡养义务。因此，即使是解除了收养关系，也应当对养父母给予经济上的帮助，从体现权利与义务相对等的精神。第二，符合我国传统的伦理观。在父母子女关系上，我国传统的伦理观主张"父慈子孝"，即父母对子女慈爱，子女对父母孝顺。在现代，这一伦理观也为我们所继承和发扬，因此，父母子女间互相扶养是我国伦理观的要求。

后赡养义务的法律构成要件及法律特征：第一，时间要件方面，后赡养义务发生在“收养关系解除之后”，这是后赡养义务在时间上的特殊要求。从这一点上，我们可以看出，后赡养义务不同于赡养义务，赡养义务发生在父母子女关系和拟制的父母子女关系存续期间，而后赡养义务发生在收养形成的拟制的父母子女关系解除之后。第二，义务主体方面，后赡养义务的主体是经养父母抚养长大的成年养子女。两种情况的主体除外，一是名义上收养，实际养父母对养子女没有履行抚养义务的养子女；二是虽经养父母抚养但是尚未满18周岁的养子女。第三，义务对象方面，后赡养义务的对象是“缺乏劳动能力又缺乏生活来源的养父母”。要求解除收养关系之后，养父母既缺乏劳动能力又缺乏生活来源。缺乏劳动能力，应当到当地的劳动局进行劳动能力等级鉴定；缺乏生活来源指的是既没有劳动收入，也没有法定赡养人赡养。第四，义务内容方面，后赡养义务的内容是仅仅给付生活费，在性质上是物质赡养。后赡养义务仅仅解决解除收养关系后，养父母无法生存的难题。这一点上不同于赡养义务，赡养义务的内容既包括物质赡养即给付生活费，又包括精神赡养即精神慰藉和生活照料，赡养义务并不仅仅解决生存问题，更注重生活和精神上的慰藉。

后赡养义务是我国法律中规定的在解除收养关系后，为了对缺乏劳动能力又缺乏生活来源的养父母进行法律上的救济，而特别加于养子女的一项给付生活费的负担。它是一项特殊的赡养义务。

二、财产所有权

1. 什么是财产所有权？

财产所有权是指所有人依法对自己的财产享有占有、使用、收益和处分的权利，包括占有权、使用权、收益权和处分权四项权能。所有权意味着人对物最充分、最完全的支配，是最完整的物权形式。财产所有权在本质上是一定社会的所有制形式在法律上的表现。财产所有权制度构成了民事法律制度的基石。中国《民法通则》对财产所有权作出了明确的规定。其中，财产所有权的类型主要包括：国家所有权、劳动群众集体组织所有权、社会团体所有权和公民个人所有权。

2. 老年人可享受的社会保障有哪些？

对老年人的社会保障项目主要包括：养老保险、医疗保险、社会救济、社会福利、社会区服务、住房保障、老年教育、法律援助等内容。

城镇老年人应该享受国家规定的养老保险。《老年人权益保障法》规定：“国家建立养老保险制度，保障老年人的基本生活。”“老年人依法享有的养老金和其他待遇应当得到保障。有关组织必须按时足额支付养老金，不得无故拖欠，不得挪用。”我国从1991年起开始建立由国家基本养老保险、企业补充养老保险和个人储蓄性养老保险相结合的多层次养老保险体系，实行个人储存与统筹互相结合的原则，为每个职工建立了养老保险账户。

国家除了建立养老保险度以外，还对城镇特困老年人给予救济。城市的老年人，无劳动能力、无生活来源、无赡养人和扶养人的，或者赡养人确无赡养能力的，由当地人民政府给予救济。

法律对农村老年人的养老保险也做出了不少规定，《老年人权益保障法》中明确指出：“农村除根据情况建立养老保险制度外，有条件的还可以将未能承包的集体所有的部分土地、山林、水面、滩涂等作为养老基地，收益养老年人养老。”对于农村中的无劳动能力、无生活来源，又无人赡养的老年人，应由农村集体经济组织负担保吃、保穿、保住、保医、保葬的五保供养。另外，也鼓励农村中的孤寡老人与其他公民或村委会、生产队等集体组织签订遗赠抚养协议，由遗赠人写下遗嘱，将其个人所有的合法财产如房屋等指定在其死后转移给抚养人所有，而由抚养人承担老人的生养死葬义务。

在老年人医疗保障方面，国家规定：有关部门在制定医疗保险办法时，应当对老年人给予照顾；医疗机构应当为老年人就医提供方便，对70周岁以上的老年人就医，予以优先。有条件的地方，可为老年人特设家庭病床，上门诊疗。对于经济困难无力支付医疗费的患病老年人，提倡社会救助，当地人民政府根据情况可以给予适当帮助。

3. 家庭成员偷盗、诈骗老年人财物，应该如何处理？

家庭成员盗窃、诈骗、抢夺、勒索、故意损坏老年人财物，情节较轻的，按照治安管理处罚条例的有关规定，处15日以下拘留或者警告，可以单处或者并处200元以下罚款。

依照相应法律，赡养老人是子女应尽的法定义务，是没有任何附加条件的。子女更不能把给付老人赡养费和赡养老人作为先决条件，或向老人索要、侵占老人财物。我国《婚姻法》第二十一条规定："子女对父母有赡养扶助义务"。子女不履行赡养义务时，无劳动能力的或生活困难的父母，有要求子女付给赡养费的义务。而老人的赡养费和平日积蓄所购置的财产，其所有权应归老人所有。老年人权益保障法也同时规定了赡养人不得以放弃继承权或者其他理由拒绝履行赡养义务。而以"赡养"为借口侵犯老人的财产更是违法的。

无论是社会人员或是老年人的子女、近亲属，都应依法保护与正确处理老年人之间的财产纠纷，不能以种种理由和借口侵犯老年人的财产处置权利。而要想保护老年人的合法财产，除儿女们自身做到外，政府更应该出面对侵犯老年人财产的违法行为进行劝阻、教育和调解。同时，一些民间组织也应参与到老年人财产的保护里来，帮助老年人提高法律意识，对侵犯老年人财产的违法行为，无论是子女、近亲属还是社会人员，要敢于打破情面，理直气壮地诉诸法律，利用法律最大限度地保护老年人的财产不受侵犯。

新中国成立后所颁布的两部刑法典均没有规定亲属之间盗窃行为如何定罪量刑的问题，仅在司法解释中有过相关的规定。最早涉及此问题的是在 1984 年 11 月 2 日最高人民法院、最高人民检察院《关于当前办理盗窃案件中具体问题应用法律的若干问题的解答》中，该《解答》第四条第二项规定："处理具体案件时，要注意具体分析"，"要把偷窃自己家里或者近亲属的同在社会上作案的加以区别"。在 1985 年《最高人民检察院关于在办理盗窃案件中如何理解和处理"自家"或近亲属财物的批复》（下面简称《批复》）中也专门对相关的法律适用问题进行了解释。1992 年 12 月 11 日最高人民法院、最高人民检察院《关于当前办理盗窃案件中具体问题应用法律的若干问题的解释》第一条第五项规定："盗窃自己家里的财物或者近亲属的财物一般可不按犯罪处理；对确有追究刑事责任必要的，在处理时也应同在社会上作案有所区别。"1997 年 11 月 4 日最高人民法院《关于审理盗窃案件具体应用法律若干问题的解释》中认为："偷拿自己家的财物或者近亲属的财物，一般可不按犯罪处理；对确有追究刑事责任必要的，处罚时也应于社会上作案的有所区别。"

4. 老年人合法权益受到侵害，是否应该得到赔偿？

依据我国《老年人权益保障法》第四十三条规定，老年人合法权益受到侵害的，被侵害人或者其代理人有权要求有关部门处理，或者依法向人民法院提起诉讼。人民法院和有关部门，对侵犯老年人合法权益的申述、控告和检举，应当依法及时受理，不得推诿、拖延。

（1）涉及老年人人身侵权损害赔偿纠纷概述。侵权损害赔偿是指加害人不法侵害他人的财产权利或人身权利，造成受害人财产损失或者特定情况下的非财产损失，受害人享有请求赔偿的权利，加害人有赔偿义务的民事法律关系。涉老侵权损害赔偿是加害人或受害人是年满60周岁老人的损害赔偿案件。老年当事人因体能减退、行动迟缓，极易受到伤害，其中邻里纠纷中引起的人身损害、旅游和晨练发生的人身损害最为常见。

（2）涉老人身侵权损害赔偿纠纷调解处理的原则。

根据纠纷起因合理确定责任。涉老损害赔偿纠纷处理的难点在于确定责任者。无论是邻里纠纷发生的损害赔偿，还是旅游和晨练中发生的损害赔偿，难点是证明责任者的过错行为。因为这类纠纷的目击者往往是当事人的亲戚、朋友或者邻居，与当事人有一定的利害关系，其证词的证明力常常受到质疑。所以调解处理这类纠纷时，要结合事发时的第一手资料，如报警后公安部门对事发时在场人员所作的笔录，以及事发后受伤人在医院的就诊记录。对于当事人的亲戚、朋友的证词，在结合了其他有力的证据后，也可以作出认定。

分析损害因果关系，引导双方缩小赔偿心理预期。如何确定赔偿的数额是解决涉老损害赔偿纠纷的又一难点。老年人由于年老体弱，处于疾病多发期，特别是老年人本身患有慢性病的，受到伤害后至医院治疗，常常是新伤老病一起治，治疗费用动辄上万元，这使得调解十分棘手。因此，调解处理时首先要看治疗费用与伤害行为的关联度。确实是伤害行为造成老人受伤的，相关费用应由加害人承担。对于老人因诱发因素引发潜在疾病的，在具体调解处理时，该部分费用应当酌情考虑。其次看受害方有无过错，如受害方在冲突中存在过错，可相应减轻加害人的责任。第三看负有安全保障义务的单位是否尽到责任，由于其承担的是有限责任，即在未履行安全保障义务范围内承担责任，具体的赔偿数额应与其过错程度相适应。

根据老年人的特点，法律与情理相结合调处纠纷。侵权损害赔偿是一种常见的民事纠纷，在调解处理这类纠纷时，既要按照侵权损害赔偿的四个构成要件，即损害事实、损害行为的违法性、违法行为与损害事实的因果关系、行为人的过错来进行审查，同时又要考虑实际情况，充分注意老年人的特点。对于一些只有冲突双方当事人在场而双方说法各异、相关证据缺乏的纠纷，要根据常情推断以及社会的公序良俗，按照公平原则酌情处理，使情、理、法得到统一。

5. 农村老年人去世以后，其所承包的土地应当怎样处理？

例：刘老汉死后，其承包的果树林，在其精心耕植下，已处于收获的高峰期。刘老汉很早就没有了老伴。唯一的女儿出嫁后，因意外而死亡。现刘老汉与其弟弟全家生活多年，依靠种植果树养老生活。其去世后，村里准备将其承包的收回。刘老汉的弟弟提出了异议。

依照我国《农村土地承包法》第二条规定，农村土地，是指农民集体所有和国家所有依法由农民集体使用的耕地、林地、草地，以及其他依法用于农业的土地。依照《农村土地承包法》第三十一条规定，承包人应得的承包收益，依照继承法的规定继承。林地承包的承包人死亡，其继承人可以在承包期内继续承包。土地承包经营权通过招标、拍卖、公开协商等方式取得的，该承包人死亡，其应得的承包收益，依照继承法的规定继承；在承包期内，其继承人可以继承承包。在我国《农业法》中也有规定，个人或者集体的承包经营权，受法律保护。发包方和承包方应当订立农业承包合同，约定双方的权利和义务。该法第十三条还规定，承包人在承包期内死亡的，该承包人的继承人可以继续承包。

6. 老年人因年迈，体弱多病，无法耕种自己承包的田地，无力照管其所有的林木、牲畜等，怎么办?

例：李大爷与王大妈今年都有70多岁，居住在李庄，儿子在外地打工，女儿嫁到邻村，两位老人耕种三亩多地。最近，二老均体弱多病，无力耕种、照管自己的承包田地。此时正值农忙季节，儿子不在身边。所以，他们多次希望住在邻村的女儿过来帮忙，其女儿表示她已成家，没有法定义务过去帮忙。

作为法定的赡养人，李大爷和王大妈女儿的说法没有道理。我国《老年人权益保障法》第十四条规定赡养人有义务耕种老年人承包的田地，照管老年人的林木和牲畜等，收益归老年人所有。该法第十五条规定，赡养人不得要求老年人承担力不能及的劳动。《老年人权益保障法》第十一条第一款规定："赡养人应当履行对老年人经济上供养、生活上照料和精神上慰藉的义务，照顾老年人的特殊需要。"在我国，尊重长辈，孝敬老人，一直以来是中华民族的传统美德。老年人一生勤奋操劳，对国家、社会和家庭做出了贡献。作为国家、社会和家庭均须善待老人，老年人的后辈子女更需照顾好老人，让其安享晚年生活。老年人进入老龄阶段，由于生理机能等原因，身体可能大不如前，患病的可能性和发病几率较高。此时，老人根本是自顾无暇，当然是无法耕种自己承包的土地，照管林木和牲畜。因而，国家在法律中明确规定，赡养人也就是照顾老人生活起居的亲属包括儿女子孙等人，均有义务帮助老人耕种田地和照管林木牲畜等，所得收益也归老人所有。并且还不得要求老年人承担力所不及的体力劳动。如，超出老年人承担限度的开荒、修路桥等重体力劳动。

目前，依据我国制定的《老年人权益保障法》的有关规定，法律明确规定了在家庭赡养方面，对老年人的人身和财产等方面合法权益的保护。同时，法律还进一步规定，赡养老年人的近亲属等人，不得以放弃财产继承权或者其他方面的理由，拒绝履行赡养老人的义务，老年人有权要求给付赡养费的权利。作为老年人的财产和财产权利，其所承包的土地及其所有的林木、牲畜等，是老年人老有所得的保证，因而法律更加需要加以保障和维护。同时，法律为保护老年人的身体健康，保护老年人病弱的身体。还规定了在老年人力所不及的劳动上，赡养人不得要求老年人承担。

三、婚姻自由权、人身自由权利

1. 什么是婚姻自由权？

婚姻自由，是指婚姻当事人按照法律的规定在婚姻问题上所享有的充分自主的权利，任何人不得强制或干涉。

特征：

（1）婚姻自由是法律赋予公民的一种权利。我国《宪法》第四十九条规定“禁止破坏婚姻自由”；现行《婚姻法》第二条规定“实行婚姻自由”，第三条规定“禁止包办、买卖婚姻和其他干涉婚姻自由的行为”，第五条规定“结婚必须男女双方完全自愿”。可见，婚姻自由是由法律所规定并受法律所保护的一种权利。任何人，包括当事人父母，都不得侵犯这种权利；否则就是违法行为。使用暴力，构成犯罪的，要依照《刑法》暴力干涉婚姻自由罪予以制裁。

（2）婚姻自由的行使必须符合法律的规定。婚姻自由和公民的其他任何权利一样，不是绝对自由，而是相对自由。行使婚姻自由权，必须在法律规定的范围内进行，我国婚姻法明确规定了结婚的条件与程序、离婚的条件与程序，这些规定划清了婚姻问题上合法与违法的界限。凡符合法律规定，即为合法行为，受法律保护；不符合法律规定的，即为违法行为，不受法理保护。因此，婚姻自由的权利，既不允许任何人侵犯，也不允许当事人滥用。

婚姻法具体内容

(1) 结婚自由。结婚自由，是指婚姻当事人有依法缔结婚姻关系的自由。当事人是否结婚，与谁结婚，是其本人的权利，任何人无权干涉。自愿是实现婚姻自由的前提，双方意思表示一致是婚姻以互爱为基础的必要条件。但自愿必须不违背法律规定的条件和程序，因为结婚自由决不意味着当事人可以在婚姻问题上为所欲为。在结婚自由的问题上，包办强迫或干涉他人婚姻的行为是被反对的，各种轻率行为也是被反对的。结婚双方都必须要符合《婚姻法》里关于结婚的法定条件。

(2) 离婚自由。离婚自由，是指夫妻有依法解除婚姻关系的自由。把离婚一律看成悲剧是不适当的。与其说离婚动摇了以前存在的稳定的家庭关系，甚至加速了原来具有约束力的婚姻关系的公开解体，不如说离婚制度为那些无法共同生活的夫妻，那些因为无法解除名存实亡的婚姻、而遭受痛苦的人们提供了救济的办法。对于已经死亡的婚姻，离婚无疑是一个很好的方法，也有利于维护双方的权利。

2. 老年人享有婚姻自主权。如果子女干涉父母再婚，应承担哪些主要责任？

《民法通则》第一百零三条规定："公民享有婚姻自主权，禁止买卖、包办婚姻和其他干涉婚姻自由的行为。"依照这条规定，一切干涉婚姻自由的行为，不论采取什么形式，也不论与当事人的关系如何，不论是他们的父母子女，兄弟姐妹或别的亲属以及其他任何人，都是侵害婚姻自主权的行为，当事人有权请求法律保护。

公民依法享有婚姻自由的权利，即公民依法按照自己的意志，自愿地结婚或离婚，不受他人干涉的自主的权利。男女公民对于自己的结婚或离婚问题，在遵守法律规定的条件下，有表达自己的真实意思的完全自由，任何人都无权代替他们做出决定，或者强迫他们作出违背自己意愿的决定；不但父母无权干涉自己子女的结婚或离婚的自由，而且子女也无权干涉自己父母的离婚自由和丧偶一方的再婚自由。婚姻自由是中国婚姻制度的一项重要原则。

3. 什么是人身自由权？

（1）人身自由权的概念。人身自由权通称"自由权"。严格地说，"自由权"这一概念不能成立。权利是权利主体实现自己的意志的资格，也就是实现自己意志的自由。权利的本质就是自由。每一种权利都是一种自由。"自由权"就是自由的自由，或为支配自由的自由，显然无法说通。人身自由权是权利主体在法律范围内自主支配行动的权利，是行动自由权，应称行动权。行动是主体的物质性人身要素，行动权是物质性人格权。行动资格是物质性人格要素。人身是各人身要素的总和，是全部人身权的客体，不是行动权的客体。“人身”在汉语中可解释为人的身体，但人的身体是身体权的客体，也不是行动权的客体。因此，把权利人自主支配行动的权利称为人身自由权并不确切，但这一名称已十分普及。从法理上说，“行动权”可分为政治即非民事行动权和民事行动权。传统民法把“自由权”分为公法自由权和私法自由权，大致相当。政治行动权是政治领域的人格权，包括言论自由权、出版自由权、结社自由权、集会游行示威自由权、宗教信仰自由权，不属民事权利。民法中的行动权指民事行动权。

（2）侵犯人身自由权的主要表现。侵犯人身自由权除表现为侵犯贞操权、婚姻自主权、知情权外。主要表现为：

非法限制公民行动，非法拘禁自然人；

利用被害人的羞耻、恐怖心理，妨碍其行动。我国台湾民法学者认为，夺去入浴妇女的衣服，使其无法行动，构成侵害自由权；

妨碍公路通行，妨碍对于私路有相邻权、地役权的权利人通行。

4. 什么是生命权、健康权、身体权？

（1）生命权。生命权是以自然人的性命维持和安全利益为内容的人格权。我国《民法通则》第八十九条规定：“公民享有生命健康权”，这里的生命健康权，实际上是生命权、健康权与身体权的总称，可见我国的立法是将生命权规定为一项独立的人格权而加以保护的，这也是世界上多数国家的立法体例。

生命是生物体所具有的活动能力，而法律意义上的生命仅指自然人的生命，是人体维持生存的基本的物质活动能力。生命是不可以替代和不可逆转的，是人得以存在的体现，是公民享有权利和承担义务的前提和基础，是自然人的最高人格利益。

生命对于人的根本利益，使得维护人之生命安全成为法律的根本任务之一，反映到民法上，便是确认和维护自然人的生命权，保障生命不受非法剥夺，保障生命在受到各种威胁时能得到积极之维护，从而维护人的生命活动的延续，保障公民最高人格利益。

生命权是自然人的一项根本的人格权，它在维护自然人的生命安全的同时，也成为自然人享有其他人格权的前提和基础。公民的各项人格权均以公民的生存为前提，一旦公民的生命权遭到侵害而丧失生命，则其他人格权也不复存在。

（2）健康权。健康权指政府必须创造条件使人人能够尽可能健康。这些条件包括确保获得卫生服务，健康和安全的工作条件，适足的住房和有营养的食物。健康权不是指身体健康的权利。健康权载于诸多国际和区域人权条约以及世界各地的国家宪法。身心健康是公民生存和进行正常民事活动的前提条件，也是公民作为民事主体所应享有的基本权利。对公民器质健康、生理健康、心理健康的侵害均构成侵害公民的健康权。同时由于健康与公民生命、身体的密切关系，侵害公民身体，剥夺公民生命的同时也构成对公民健康的侵害。我国法学界一般对此有如下两种观点：一是生理健康说，即健康只包括人生理机能的完善状态，而不包括心理之机能；二是生理、心理健康说，此说认为健康包括身体的生理机能的正常运转以及心理的良好转态。

(3) 身体权。

身体权的客体是自然人的人身，是自然人身体完全、完整的利益。身体是自然人具有权利能力的物质前提，离开身体，自然人就无任何权利；身体残缺，就会导致自然人全部丧失或部分丧失行为能力，实际上无法享有某些利益。身体权的设定，就是要保护公民身体的完全、完整的利益，不被破坏；即使遭到破坏，也能得到适当的救济。

身体权体现在身体权人有权支配自己身体的组成部分。自然人可以将自己身体某些组成部分，如皮肤、肾脏等，转让给他人。如果其他人违反公民的意愿，使用公民身体的某些组成部分，就侵犯了公民的身体权。

身体权为公民的基本人格权之一，是自然人对自己的身体所具有的完全性的支配权。身体权和所有权都属于支配权，但它们支配的客体不同，所有权支配的是物，身体权支配的是公民的人格。

5. 国家机关工作人员执行职务不当致老年人身伤害，要承担什么责任？

各个部门和组织应当按照各自职责，做好老年人权益保障工作。如果某个部门或者组织不履行这些职责，其上级主管部门应给予批评教育，责令改正。老年人在其合法权益受到侵害时，可以要求其上级主管部门处理。

国家机关工作人员不履行或不按照规定履行其应尽的职责，致使老年人应享有的合法权益受到侵害时，其所在组织或者上级机关要视其情节轻重，责令改正或者给予警告、记过、记大过、降级、降职、留用察看和开除等行政处分。

国家机关工作人员不履行或不按照规定履行其应尽的职责，致使老年人应享有的合法权益受到损害，构成犯罪的，要依法追究刑事责任。刑法第三百九十七条规定："国家机关工作人员滥用职权或者玩忽职守，致使公共财产、国家和人民利益遭受重大损失的，处三年以下有期徒刑或者拘役；情节特别严重的，处三年以上七年以下有期徒刑。"

四、继承权、住房权

1. 什么是继承权？

继承权是指继承人依法取得被继承人遗产的权利。包括两种含义：

(1) 客观意义上的继承权。它是指继承开始前，公民依照法律的规定或者遗嘱的指定而接受被继承人遗产的资格，即继承人所具有的继承遗产的权利能力。

（2）主观意义上的继承权。它是指当法定的条件具备时，继承人对被继承人留下的遗产已经拥有的事实上的财产权利，即已经属于继承人并给他带来实际财产利益的继承权。这种继承权同继承人的主观意志相联系，不仅可以接受、行使、而且还可以放弃，是具有现实性、财产权的继承权。继承权的实现以被继承人死亡或宣告死亡时开始。

继承权的特征：

（1）继承权是自然人基于一定的身份关系享有的权利；

（2）继承权是依照法律的直接规定或者合法有效的遗嘱而享有的权利；

（3）继承权的标的是遗产；

（4）继承权是继承人于被继承人死亡时才可行使的权利的效力；

（5）遗产是公民死亡时遗留的个人合法财产，包括：

公民的收入；公民的房屋、储蓄和生活用品；公民的林木、牲畜和家禽；公民的文物、图书资料；法律允许公民所有的生产资料；公民的著作权、专利权中的财产权利；公民的其他合法财产。

（6）继承权的接受与放弃。继承权的接受与放弃是不可转让的。继承权的接受，是指享有继承权的继承人参与继承、接受被继承人遗产的意思表示。自继承开始，客观意义的继承权也就转化为主观意义的继承权，继承人得自主决定是行使继承权、接受继承，还是放弃继承权。依我国《继承法》第二十五条规定，继承开始后，遗产分割前，继承人未表示放弃继承权的，视为接受继承。继承的放弃，是指继承人作出的放弃其继承被继承人遗产的权利的意思表示。继承权的放弃，是继承人对其继承权的一种处分。继承权的放弃，须以明示的方式作出。继承权的放弃是一种单方法律行为。继承权的放弃不能附加任何条件。继承权的转让问题：继承权是一种以身份关系为前提的财产性权利，基于其人身属性，继承权是不可以转让的。

继承权的丧失，继承权丧失，又称继承权的剥夺，是指依照法律规定在发生法定事由时取消继承人继承被继承人遗产的权利。

继承权的丧失可分为绝对丧失与相对丧失。继承权的绝对丧失，又称继承权的终局丧失，是指因发生某种法定事由，继承人的继承权终局的丧失，该继承人绝对不得也不能享有继承权。继承权的相对丧失，又称继承权的非终局丧失，是指因发生某种法定事由继承人的继承权丧失，但在具备一定条件时继承人的继承权最终也可不丧失。

（7）继承权丧失的条件。继承权丧失的法定条件如下：

故意杀害被继承人的（绝对丧失）；为争夺遗产而杀害其他继承人的（绝对丧失）；遗弃被继承人或者虐待被继承人情节严重的，继承人因遗弃被继承人或者虐待被继承人情节严重而丧失继承权的，属于继承权的相对丧失；

伪造、篡改或者销毁遗嘱，情节严重的（绝对丧失）。

2. 法定继承与遗嘱继承

财产的继承分为法定继承和遗嘱继承两种形式。两者之间的区别主要是：

（1）法定继承是指按法律规定的继承人范围、继承顺序和遗产分配原则进行的继承。遗嘱继承是指按被继承人生前所立遗嘱中指定的继承人继承其遗产所进行的继承。法定继承是按法律规定的范围、顺序来进行的；而遗嘱继承则是按财产所有人生前的意思来继承的；

（2）法定继承人的继承份额是根据所有法定继承人的情况和赡养扶养情况来确定的；遗嘱继承人的继承份额是财产所有人在遗嘱中确定的；

（3）遗嘱继承人必须是属于法定继承人范围内的人，而法定继承人不一定都是遗嘱继承人。因为在遗嘱继承中，根据财产所有人的生前意愿，遗嘱继承人既可以是法定继承人中的一人，也可以是法定继承人中的若干人。哪些法定继承人能够继承遗产，这要取决于遗嘱的内容；

（4）我国实行遗嘱继承优先于法定继承的原则；也就是说，对公民个人遗产的继承，如果财产所有权人生前立有遗嘱，只要该遗嘱是合法有效的，必须按遗嘱继承，而不能按法定继承。

3. 代为继承与转继承

代位继承和转继承有着明显的不同：

(1) 二者发生的事实根据不同。代位继承是基于继承人先于被继承人死亡或与被继承人同时死亡的事实而发生。转继承则是基于继承人在继承开始之后，遗产处理之前死亡的事实而发生。

(2) 二者适用的范围不同。代位继承只能适用于法定继承。而转继承即可以适用于法定继承，也可以适用于遗产继承。

(3) 代位继承人与转继承人的范围不同。代位继承人只能是被代位继承人的晚辈直系血亲。而转继承人可以是被继承人的晚辈直系血亲，也可以是被继承人的其他法定继承人，即包含被继承人的一切法定继承人。

(4) 被代位继承人与被转继承人的范围不同。被代位继承人只限于被继承人的子女。而被转继承人则不限于被继承人的子女，可以包括一切合法继承人。代位继承是指被继承人的子女先于被继承人死亡时，由被继承人子女的晚辈直系血亲代替先死亡的长辈直系血亲继承被继承人遗产的一项法定继承制度，又称间接继承、承租继承。先于被继承人死亡的继承人，称被代位继承人，简称被代位人。代替被代位人继承遗产的人称代位继承人，简称代位人。代位人代替被代位人继承遗产的权利，叫代位继承权。

(5) 代位继承的发生，须有被继承人的子女先于被继承人死亡的法律事实，该死亡可以是自然死亡，也可以是法律宣告死亡。

(6) 被代位继承人只限于被继承人的先死子女。其他被继承人的继承人若先于被继承人死亡时，不发生代位继承；

（7）代位继承人只限于被代位继承人的晚辈直系血亲，既只有被代位人的子女、孙子女、外孙子女等，才可以成为代位人，并不受辈份限制；

（8）代位继承人为数人的，只能共同继承被代位继承人对被继承人的遗产所应当继承的遗产份额；

（9）先于被继承人死亡的子女具备丧失继承权的条件且被法院判决丧失继承权的，其晚辈直系血亲不得代位继承；

（10）代位继承只适用于法定继承，不适用于遗嘱继承。

4. 居住权概念？

居住权的内容主要是指居住权人的权利和义务。居住权内涵十分丰富，在国际公约、宪法行政法等公法领域以及物权法等私法领域含义并不相同。在国际公约及宪法中，通常的表述是居住的权利，或称住房权、住宅权。如《世界人权宣言》第十三条第一款规定："人人都享有在其国境内自由迁徙及居住的权利"。这里所说的居住的权利是指空间意义上的在什么地方停留的问题，是与迁徙相对应的在某一地方常住的状态，对这种权利的保护是人身自由的重要内容。国际公约中还有一种作为生存权这一基本人权意义上的居住的权利（又称住房的权利）。《世界人权宣言》第二十五条规定："人人有权享受为维持其本人和家属的健康及福利所需的生活水准，包括食物、衣着、住房、医疗和必要的社会服务”。联合国经济、社会和文化权利委员会《关于获得适当住房权的第四号一般性意见(第六届会议，1991年)》第一条规定：“适足的住房之人权由来于相当的生活水准之权利，对享有所有经济、社会和文化权利是至关重要的。”这里所说的居住的权利是指为生存而必须提供的住房方面的保障。我国《宪法》第三十九条规定了公民的住宅不受侵犯，以保障公民居住的安全与安宁，虽然不是从正面直接规定宪法保障公民居住的权利，但通过反向解释可以推断出这一精神。而在私法领域内，在物权法上，居住权则有其特定含义，是指非所有人因居住而使用他人住房及其附属设施的权利，是他物权中的用益物权之一种。

上述国际公约和宪法中的居住权与物权法中的居住权在适用范围上明显不同。国际公约中的居住权是要求缔约国承认和保护的基本人权，其适用的主体是国家；宪法作为公民权利的保障书，其中的居住权主要是调整国家和公民之间的住房财产关系，以保护公民的居住权利，防止遭受公权和他人的侵害；物权法中的居住权则是用于调整平等民事主体之间的房屋用益关系。

在私法领域，对他人住房进行居住的权利可由两种法律关系创设，一种是通过物权法律关系创设，即产生作为他物权的居住权；另一种是通过债权法律关系创设，即产生承租权、借用权等。由于物权与债权性质上的不同，所以居住权与承租权、借用权在法律效力、权利内容、权利保护方式等方面均有所不同，不可将二者混淆。

（1）居住权人的主要权利。

第一，居住权人享有对房屋的使用权，但此种使用权须限于居住的目的。

第二，居住权人享有附属于房屋使用权的各项权利，如相邻权等。

第三，居住权人有权为居住的目的而对房屋进行修缮和维护。

第四，居住权人有权在居住期间内将房屋出租给他人以收取租金，但必须符合相关的法律要求。例如承租人转租承租的房屋必须先经过原出租人的同意。

（2）居住权人的主要义务。

第一，居住权人在居住期间负有保管房屋的义务。

第二，居住权人不得就其居住权设定抵押或其他任何权利负担。

第三，居住权人应当承担房屋的日常的管理和维修费用及其他使用过程中的合理费用支出。

第四，居住权人不得随意改变房屋的结构和用途。

第五，居住权人在居住期届满时负有返还房屋的义务。

5. 农村老年人享有哪些住房权的权利？

（1）农村老年人宅基地使用权的现状。

维护老年人合法权益是坚持以人为本，构建和谐社会的重要内容，也是坚持科学发展观的必然要求。当前农村中普遍存在着老年人无宅基地，无独立住房，部分老年人住偏房的问题，值得我们深思。一个男孩的家庭只能有一处宅基地，儿子结婚成立家庭后不能申请新宅基地，父母只能与儿子同住一宅；多个子女家庭中的老年人在子女家中轮流居住，居无定所；有的村为了照顾老年人，在村庄规划中设立老年区，允许为老年人单独建房；经济条件好的村为老年人建立敬老院或老年公寓，为本村老年人提供安置性住房；也有的老年人自己创造条件租赁、购买或“违规”建房单独居住。部分在原籍或居住地安置的离退休人员，因没有宅基地使用权，其房屋不能按村庄规划翻建而经常上访。以上几种老年人宅基地使用形式的核心是“一儿一宅”的宅基地分配制度，其结果是形成了随着子女对宅基地使用权的取得，老年人的宅基地使用权同时丧失的既成事实。而设置老年区、建老年公寓（房）、敬老院，用优待政策代替了权利，让人感到在敬老的同时有一种无奈和苦涩的味道。

(2) 农村“一儿一宅”分配制度的弊端。

不符合现行法律法规的规定精神。《土地管理法》第六十二条规定：“农村村民一户只能拥有一处宅基地，其宅基地的面积不得超过省、自治区、直辖市规定的标准”。

从以上规定中不难看出，农民建房实行一户一宅制，鼓励子女与父母同宅。充分体现了以人为本，社会和谐的执法理念。老年人有拥有使用宅基地的权利，子女也有分户申请新宅基地的权利，并非一定要子女与父母同宅，是否分户，要根据家庭成员的意愿而定，不能一刀切为“一儿的家庭只能一宅”，父母只能与子女同宅。

不符合科学发展观的精神要求。“一儿一宅”的宗旨，是预防老年人去世后，产生一户多宅现象。这种管理方式不符合以人为本的现实要求。老年人是人类社会的重要组成部分，依法享有公民的所有权利，不应因家庭成员的变化而变更。坚持以人为本，和谐发展，就要努力创造公平平等的社会环境，确保人人能享受法律赋予的权利。权利丧失的人不可能得到社会的尊重和爱戴。公民年满 20 周岁，因结婚等原因建新房分户取得基地使用权后，不应因为自己的子女长大而丧失。随着年龄增长，权力随之消失的做法与尊老、敬老、爱老、助老的社会导向南辕北辙，不利于社会的和谐进步。

不利于农村土地流转制度改革形式下保护老年人权益。党的十七届三中全会决定，深化农村土地流转制度改革。土地使用权流转后宅基地可上市流转，农民也将因此分享宅基地使用权出租、出卖、出让获得的利益。这为农民住宅财产的传承、转移创造了条件。只有确保了老年人的宅基地使用权，才能保证老年人在宅基地项目的收益。

是农村许多矛盾的根源。与子女在同宅居住或在子女之间轮流居住，因生活习惯、生活方式不同等原因容易在老人与子女之间、子女与子女之间出现摩擦，产生家庭矛盾；多代同堂的家庭，尽管在宅基地使用中享受到一定的优惠，仍然居住紧张，容易在年轻人心目中形成年老无用，年老就是累赘的思想，有的无奈把老人安置在偏房居住，社会影响不佳。由于“一儿一宅”制度的缺陷性，实际操作中难度很大，事实上真正做到“一儿一宅”的村极少，由此产生的遗留问题非常普遍。建新不拆旧或不积极配合村庄规划等为老年人保留宅基地的行为，成为导致农村干群关系紧张，干群矛盾激化一个重要原因。

通过以上分析可以发现，农村“一儿一宅”的宅基地制度，是计划经济时代的历史产物，已不符合社会主义市场经济体制的要求，不适应改善农民生活，促进农村经济发展和社会进步的要求：不利于构建公平、公正、和谐的社会秩序。

(3) 对策及建议。

广泛宣传《老年人权益保障法》、《土地管理法》等法律法规有关农村宅基地管理的基本知识，让广大农民群众明确自己的权利和义务，增强遵法守法的自觉性，减少社会矛盾。

相关人员培训。努力搞好房建管理人员、村干部相关法律法规的业务知识培训，掌握法律法规的精神实质，提高执法水平，维护广大农民群众的切身利益。我国在实行离退休制度初期，由于受当时经济条件的限制，国家鼓励干部职工回原籍或居住地农村安家居住，对我国的人事改革事业做出了贡献。现在我们要保持党和国家政策的连续性，维护好回原籍或居住地定居部分离休、退休、退职的干部职工宅基地使用权，保证他们同所在村村民享受同等待遇。

建立农村宅基地腾退机制，维护好农村宅基地秩序。老年人去世后其宅基地不能收回，是“一儿一宅”分配制度存在的依据。因此，建立农村宅基地腾退机制对于减少社会矛盾促进社会公平非常必要。

在老年人的居住权方面，明确老年人有自主选择养老方式的权利。赡养人应当尊重老年人的生活意愿，不得强迫被赡养的老年夫妻分开居住；赡养人不得强占、挤占老年人的住房，不得强行将老年人从条件较好的房屋迁往条件低劣的房屋居住。

6. 老年人如何进行房屋买卖？

房屋的使用权是对房屋的实际利用权力。通过一定法律契约，非房屋所有权人也可获得房屋的使用权，如房主将房屋租给他人使用。房屋使用权是指承租人承租的直管公有住房。

房屋使用权如果上市交易房价比所有权房屋便宜很多，虽然没有产权证，但房屋使用权为房管局所有，与房屋使用权的使用人是长期租赁关系，产权单位不能任意解除租赁关系，不能随便收回房屋，即使收回也会对使用权人进行补偿。在遇到房屋拆迁时，房屋使用权在变成产权房后，能获得补偿款，即使不变成产权房，拆迁补偿的补偿款也归房屋使用权人所有。居住房屋使用权每月要交一定数额的租金，但房屋使用权不用交物业管理费、取暖费以及房屋维修费。

使用权买卖从法律角度来说，其实质是变更长期的租赁关系的承租人。由于现在买卖的只是房屋的使用权，双方存在的只是租赁关系，所以如果购买使用权后想再上市交易的话，需先将该房屋按照成本价购买，然后按照已购公房上市手续，补交土地出让金后方可上市交易。

五、物质帮助权、政治权利和文化教育权利

1. 物质帮助权概念

物质帮助权是公民因特定原因不能通过其他正当途径获得必要的物质生活手段时从国家和社会获得生活保障、享受社会福利的一种权利。

物质帮助权是我国公民的一项基本权利，指公民在年老、疾病、残疾等丧失劳动能力或部分丧失劳动能力的情况下，有权利从国家和社会获得物质帮助，从而维持基本生活。

我国宪法明确规定：“中华人民共和国在年老、疾病或丧失劳动力的情况下，有从国家和社会获得物质帮助的权利。”物质帮助权是指公民因失去劳动能力或者暂时失去劳动能力而不能获得必要的物质生活资料时有从国家和社会获得生活保障、享受集体福利的一种权利。作为老年人来说，主要包括伤残保障权、死亡保障权与退休保障权等具体权利。

2. 农村老年人不承担哪些工种义务？

我国《老年人权益保障法》第三十七条规定，农村老

年人不承担义务工和劳动积累工。在我国广大农村，农民要承担一定的费用和承担一定的劳务。根据国务院《农村承担费用和劳务管理条例》的规定，农民承担的费用和劳务是指农民除缴纳税金，完成国家农产品的定购任务以外，依据法律、法规所承担的村提留、乡（包括镇）统筹费、劳务（农村义务工和劳动积累工）以及其他费用。农村承担费用和劳务目的在于，在国家的支持和农民的承担下，进行农村公共设施的建设，发展农村的集体经济，兴办农村社会主义物质文明和精神文明建设事业，以更快地集体经济促进农村经济持续、稳定、协调发展因此，条例规定向国家缴纳税金，是农民应尽的义务。除此以外，要求农民无偿提供任何财力、物力和劳务均为非法行为，要求农民无偿提供任何财力、物力和劳务，均为非法行为，农民有权拒绝。

关于村提留、统筹费、劳务的标准等具体问题，在《农民承担费用和劳务管理条例》中有明确规定。如，乡统筹费用与安排乡村两级办学、计划生育优抚、修建乡村道路等民办助事业。在义务工和劳动积累工方面，规定农村义务工，主要用于植树造林、防汛、公路建设、修缮校舍等。按标工日计算，每个农村劳动力每年承担 5—10 个农村义务工。因抢险救灾，需要增加农村义务工的，由当地政府统筹安排。劳动积累工，主要用于农田水利基本建设和植树造林。按标准日计算，每个农村劳动力每年承担 10—20 个劳动积累工。有条件的地方，经县级以上人民政府批准可以适当增加。劳动积累工应当主要在农闲期间使用。农村义务工和劳动积累工以出劳动为主，本人要求以资代工的须经次年集体经济组织批准。对因病或者伤残人不能承担农村义务工、劳动积累工的，经村集体组织成员大会或者成员代表大会讨论通过可以减免。

国家为保障老年人的合法权益，发展老年人事业弘扬中华民族敬老、养老的美德。《老年人权益保障法》规定，农村老年人不承担义务工和劳动积累工。应该说，保障老年人的合法权益是全社会的共同责任。基于老年人的特点，他们不再适用继续参加公共设施的建设。因此，法律规定对他们的此种义务予以免除。那么，农村老年人在被要求承担义务工和劳动积累工时，可以依法予以拒绝。至于缴纳资金的问题，老年人原则上应当予以缴纳；若是愿意甚至可以参加集资活动，真正做到老有所用、发挥余热，参加农村各项建设。当然，对于收入在本村平均线以下的特困老人，可以提出减免申请，并经村民集体经济组织大会或代表大会讨论评议予以适当减免或者免除。

3. 有的老年人想打官司，却又担心付不起诉讼费用对此法律有何规定?

根据《老年人权益保障法》的规定第三十九条规定：“老年人因其合法权益受到侵害提起诉讼交纳诉讼费确有困难的，可以缓交、减交或者免交；需要获得律师帮助，但无力支付律师费用的，可以获得法律援助。”最高人民法院颁发的《关于对经济确有困难的当事人予以司法救助的规定》也明确提出，当老年人因追索赡养费而提起诉讼，或者经济确有困难、无力缴纳诉讼费时，可以申请缓交、免交诉讼费。

以上各项合法权益是法律赋予每一个老年公民的权利，受法律的严格保护，一旦受到侵害，老年人有权要求有关部门处理，或者依法向人民法院起诉。人民法院和有关部门，对侵犯老年人合法权益的申诉、控告和检举，应当依法受理，不得推诿、拖延。

4. 老年人若财产权益受到侵害，应如何向法院起诉以寻求法律保护？

根据《老年人权益保障法》的规定，老年人合法权益受到侵害时，侵害人或其代理人有权要求有关部门处理，或依法向人民法院起诉。老年人与家庭成员因赡养、扶养或者住房、财产等问题发生纠纷时，可以要求家庭成员所在组织或居民委员地、村民委员会调解，也可以直接向人民法院起诉。老年人因其合法权益受侵害提起诉讼交纳讼费确有困难的，可以缓交、减交或免交；需要获得律师帮助，但无力支付律师费用的，可以获得法律顾帮助。

5. 政治权利和文化教育权利概念

（1）政治权利概念。

政治权利又称参政权或政治参加的权利、民主权利，是人们参与政治活动的一切权利和自由的总称。根据宪法、法律的规定公民参与国家政治生活的权利。它是公民的经济要求在政治上的集中反映，是公民权利的重要组成部分，也是公民其他权利的基础。在中国，政治权利的内容是：选举权和被选举权；言论、通信、出版、集会、结社、游行、示威等权利；担任国家机关职务的权利；担任企业、事业单位和人民团体领导职务的权利。

（2）文化教育权利概念。

文化是一个群体（可以是国家、也可以是民族、企业、家庭）在一定时期内形成的思想、理念、行为、风俗、习惯、代表人物，及由这个群体整体意识所辐射出来的一切活动。传统意义上所说的，一个人有或者没有文化，是指他所受到的教育程度。后者是狭义的解释，前者是广义的解释。

6. 农村老年人享有的政治权利、教育权共包括哪些?

（1）老年人应当享有的政治权利。

老年人的政治权利是指老年人享有参加国家管理、参政议政的权利和在政治上表达个人见解和意愿的自由。参加国家政治生活是宪法赋予所有公民的权利，老年人虽已离退休，但仍然是国家的主人，仍然有权参与政治生活；享有政治权利，任何组织和个人都不得限制、干涉老年人依法享有的参加政治活动和社会活动的权利。根据宪法和法律规定，老年人享有的政治权利主要有：

选举权和被选举权；

言论、出版、集会、结社、游行、示威的自由；

对任何国家机关和国家工作人员，有提出批评和建议的权利；

对于任何国家机关和国家工作人员的违法失职行为，有申诉、控告或者检举的权利；

因国家机关和国家机关工作人员侵犯自己的合法权利而受到损失时，有依法取得赔偿的权利。

（2）老年人应当享有的教育权利。

老年人有进行科学研究、文学艺术创作和其他文化活动的自由，有继续受教育的权利。国家发展老年教育，鼓励社会办好各类老年学校。

第三部分　侵犯农村老年人合法权益会受到什么处罚

1. 侵犯农村老年人财产所有权的刑事责任有哪些?

侵犯老年人对自己合法财产的占有、使用、收益和处分的权利，应当承担的民事责任有两种情况：一是侵占老年人财产的，应当返还财产，无法返还的，应当照价赔偿，二是损坏老年人财产的，应当恢复原状或者折价赔偿。

2. 侵犯农村老年人生命健康权的刑事责任有哪些?

侵犯老年人生命健康权的民事责任有三种情况：一是伤害老年人身体但能医疗康复的，应当赔偿医疗费和因误工减少的收入；二是伤害老年人身体，不能康复，造成残疾的，侵害人除赔偿医疗费、误工费等外，还要给予生活补助费；三是造成老年人死亡的，除医疗费外，应当支付丧葬费、死者生前扶养人必须的生活费等费用。

3. 侵害老年人姓名权、肖像权、名誉权、荣誉权等人身权的刑事责任有哪些?

老年人姓名权、肖像权、名誉权、荣誉权等人身受到侵害，有权要求侵害人停止侵害，恢复名誉，消除影响，赔礼道歉，并可以要求赔偿损失。

4. 侵害老年人土地产权的刑事责任有哪些?

《农村土地承包法》规定，任何组织和个人侵害承包方的土地承包经营权的，都应当承担法律责任。发包方侵害承包方生产经营自主权；违反本法规定收回、调整承包地；强迫或者阻碍承包方进行土地承包经营权流转；假借少数服从多数强迫承包方放弃或者变更土地承包经营权而进行土地承包经营权流转；以划分“口粮田”和“责任田”等为由收回承包地搞招标承包；将承包地收回抵顶欠款；剥夺、侵害他人依法享有的土地承包经营权以及其他侵害土地承包经营权的行为应当承担停止侵害、返还原物、恢复原状、排除妨害、消除危险、赔偿损失等民事责任。

任何组织和个人强迫承包方进行土地承包经营流转的，该流转无效；截留、扣缴土地承包经营权流转收益的，应当退还。国家机关及其工作人员有利用职权干涉农村土地承包，变更解除承包合同，干涉承包方依法享有的生产经营自主权，或者强迫、阻碍承包方进行土地承包经营权流转等侵害土地承包经营权的行为，给承包方造成损失的，应当承担损害赔偿等责任；情节严重的，由上级机关或者所在单位给予直接责任人员行政处分；构成犯罪的，依法追究刑事责任。

5. 侵犯老年人合法权益的行政责任有哪些？

行政责任是由于违反行政法规的行为所应承担的法律后果。追究违法者的行政责任，给予行政制裁，主要有行政处分和行政处罚两种。行政处分，又称纪律处分，是指根据法律或者国家机关、企事业单位的规章制度规定，由国家机关、企事业单位按行政隶属关系，给予犯有轻微违法失职行为尚不购刑事处分或者违反内部纪律的所属人员的一种制裁。行政处分主要包括：警告、记过、记大过、降级、降职、留用察看和开除等方式，行政处分可以变更或撤销。行政处罚是指行政机关依法给予违反行政管理秩序的公民、法人或者其他组织的一种强制性措施。行政处罚的种类有：警告；罚款；没收违法所得、没收非法财物；责令停产停业；暂扣或者吊销执照；行政拘留等。

6. 侵犯侮辱、诽谤、虐待遗弃老年人的刑事责任有哪些？

使用暴力或者其他方法公然侮辱老年人、捏造事实诽谤老年人或者虐待老年人，情节较轻的，按照治安管理处罚条例的有关规定，处15日以下拘留、200元以下罚款或者警告。

7. 暴力干涉老年人婚姻自由的刑事责任有哪些?

暴力干涉老年人婚姻自由，是指以捆绑、殴打、禁闭等对人身实行强制或打击的方法，强迫老年人结婚或不结婚，或强迫老年人离婚或不离婚，使老年人不能行使婚姻自由的权利。《刑法》第二百五十七条规定:“以暴力干涉他人婚姻自由的，处二年以下有期徒刑或者拘役。犯前款罪，致使被害人死亡的，处二年以上七年以下有期徒刑。第一款罪，告诉的才处理。”

8. 家庭成员盗窃、诈骗、抢夺、勒索、故意毁坏老年人财物的刑事责任有哪些?

家庭成员以非法占有为目的，秘密窃取老年人所有的财物，数额较大，即构成盗窃罪。《刑法》第二百六十四条规定:“盗窃公私财物，数额较大或者多次盗窃的，处三年以下有期徒刑、拘役或者管制，并处或者单处罚金；数额巨大或者有其他严重情节的，处三年以上十年以下有期徒刑，并处罚金；数额特别巨大或者有其他特别严重情节的，处十年以上有期徒刑或者无期徒刑，并处罚金或者没收财产。”

家庭成员以非法占有为目的，使用欺骗的方法，骗取老年人所有的财物，数额较大的，即构成诈骗罪。《刑法》第二百六十六条规定:“诈骗公私财物，数额较大的，处三年以下有期徒刑、拘役或者管制，并处或者单处罚金；

数额巨大或者有其他严重情节的，处三年以上十年以下有期徒刑，并处罚金；数额特别巨大或者有其他特别严重情节的，处十年以上有期徒刑或者无期徒刑，并处罚金或者没收财产。”

家庭成员以非法占有为目的，使用威胁或者要挟的方法，强行索取老年人所有的财物，数额较大，即构成敲诈勒索罪。《刑法》第二百七十四条规定：“敲诈勒索公私财物，数额较大的，处三年以下有期徒刑、拘役或者管制；数额巨大或者有其他严重情节的，处三年以上十年以下有期徒刑。”

家庭成员故意非法或者损害老年人所有的财物，情节严重的，即构成故意毁坏财物罪。《刑法》第二百七十五条规定：“故意毁坏公私财物，数额较大或者有其他严重情节的，处三年以下有期徒刑、拘役或者罚金；数额巨大或者有其他特别严重情节的，处三年以上七年以下有期徒刑。”

目前，家庭成员盗窃、诈骗、抢夺、勒索、狐疑毁坏老年人财物的现象时有发生。一些部门和组织往往认为这些现象只是家庭纠纷，不是违法行为而不予处理，致使老年人合法权益得不到保障。家庭成员大多与老年人生活在一起，虽然与社会上的盗窃、诈骗、抢夺、勒索、故意毁坏财物的作案有所区别，但仍应根据情节依法处理。

上述几种侵犯老年人合法权益应负的刑事责任，是法律给予老年人这一特殊群体的特殊保护。与一般公民一样，其他侵犯老年人合法权益的犯罪行为，也都会受到相应的刑罚处罚。但应当注意的是，侮辱、诽谤、虐待老年人以及暴力干涉老年人婚姻自由的犯罪，根据法律规定，告诉的才处理，也就是说，只有老年人向人民法院提出控告，法院才处理，不控告，法院不处理。因此，老年人在婚姻自由受到暴力干涉或者受到侮辱、诽谤、虐待时，要主动拿起法律武器，及时控告，以使自己的合法权利及时得到保护。

9. 保障农村老年人合法权益的主要社会责任有哪些？

老年人的合法权益是指法律、法规赋予老年人的各项权益和利益，其内容十分广泛，涉及到社会的各个方面。这些合法权益要得到有效的保障，仅靠某一方面的力量是不够的，必须得到社会方方面面的确实保护，因此，保障老年人的合法权益是一项综合性的社会保护工作，是全社会的共同责任。这里所讲的“社会责任”，包括所有的国家机关、社会团体、企业事业组织、基层群众组织、家庭及公民个人。

(1) 国家机关的责任。国家机关包括权力机关、行政机关和司法机关。对于权力机关来讲，即各级人民代表大会，要从立法和法律监督方面做好老年人合法权益的保护工作；行政机关是国家权力机关的执行机关，即各级人民政府，是执法主体，其工作直接关系到老年人的切身利益；司法机关包括人民法院和人民检察院，是行使审判权和法律监督的国家机关，要认真审理侵害老年人合法权益的案件，对构成犯罪的依法起诉和审判，从司法上保护老年人的合法权益。

（2）社会团体的责任。社会团体主要指工会、共青团、妇联以及依法设立的老年人组织等。社会团体要发挥自己的特点和作用，开展法制宣传教育，积极反映老年人的要求，多渠道、多方面地开展保护老年人合法权益的工作。

（3）企业事业组织的责任。这些组织要做好本单位离休、退休老年人的管理工作，切实保障他们按规定应当享受的权益，有条件的，还可以组织老年人参加生产活动和社会公益活动，保障老年人继续参与社会发展。

（4）基层群众自治组织的责任。基层群众自治组织指居民委员会和村民委员会。基层群众自治组织直接接触老年人，应及时反映老年人的要求，对家庭中发生的与老年人有关的纠纷，应积极进行调解，对侵犯老年人合法权益的行为要进行批评教育或向有关部门反映。

（5）家庭及公民个人的责任。我国赡养老年人主要依靠家庭，家庭成员在维护老年人合法权益方面负有重要责任。敬老、养老是中华民族的传统美德，每个公民都应当关心、帮助老年人，维护老年人的合法权益。

10. 国家机关的主要责任

为逐步完善保护老年人生活、健康以及参与社会发展的条件，实现老有所养、老有所医、老有所教、老有所学、老有所为、老有所乐的目标，国家和社会应当采取下列措施：

（1）组织措施。国务院和省、自治区、直辖市人民政府应当采取组织措施，协调各个部门共同做好老年人权益的保障工作。具体机构可以由国务院和省、自治区、直辖市人民政府规定。

（2）宣传措施。在全社会广泛开展敬老、养老、助老的宣传教育活动，树立尊重、关心、帮助老年人的社会风尚。加强对青少年和儿童进行敬老、养老、助老的道德教育和维护老年人合法权益的法制教育。

（3）制度措施。建立健全保障老年人基本生活的养老保险制度；对城市和乡村老年人中无劳动能力、无生活来源、无赡养人和抚养义务人，或者虽有赡养和抚养义务人但无赡养和抚养能力的，分别建立起由当地人民政府实行救济或者由农村自治组织承担“五保”供养的制度；建立保障老年人基本医疗需要的多种形式的医疗保险制度；建立健全最低生活保障制度，保障贫困老年人的基本生活。

（4）政策措施。将老年事业纳入国民经济和社会发展计划，鼓励社会各方面投入，使老年事业与经济、社会协调发展；发展老年教育事业，鼓励社会办好各类老年学校；逐步增加老年福利事业的投入；在城镇公共设施、居民小区和住宅的新建或改造时，建设适合老年人生活和活动的配套设施，鼓励、扶持社会组织和个人兴办老年福利设施和活动场所；发展社区服务，鼓励和支持社会志愿者为老年人服务，引导企业开发、生产、经营适应老年人需要的生活用品；为老年人参与社会主义物质文明和精神文明建设创造条件，鼓励老年人在自愿和量力的情况下发挥“余热”；提倡义务为老年人服务，等等。

（5）奖励和惩戒措施。对维护老年人合法权益和敬老、养老、助老成绩显著的组织、家庭或者个人给予奖励；人民法院和有关部门，对侵犯老年人合法权益的申诉、控告和检举，应当及时受理；对有严重侵害老年人合法权益行为的责任人，应当依法给予惩处。

11. 社会、企业、事业组织、基层群众自治组织的责任

社会团体、企业事业组织、基层群众自治组织是维护老年人合法权益的重要社会基础，在维护老年人合法权益的工作中应当发挥重要作用，履行下列职责：

（1）协助政府开展维护老年人合法权益工作。例如，协助各级人民政府开展敬老、养老、助老的宣传教育活动，提倡树立尊重、关心、帮助老年人的社会风尚；开展调查研究，了解老年人权益的维护情况，积极向政府反映老年人的合理要求；接待老年人的来信来访，调解一般涉及老年人的纠纷，等等。

（2）按照各自职责，做好老年人权益保障工作。例如，居民委员会、村民委员会和依法设立的老年组织应当反映老年人要求，监督赡养义务协议的履行；青少年组织、学校和幼儿园应当对青少年和儿童进行敬老、养老的道德教育和法制教育；医疗机构应当为老年人就医提供方便，可以开办为老年病人服务的家庭病床、巡回医疗；企业要积极开发、生产、经营老年人的生活用品；交通部门要为老年人乘坐公共汽车提供优待和照顾；广播、电影、电视、报刊等应当反映老年人生活，开展维护老年人合法权益的宣传，为老年人服务，等等。

（3）家庭的责任。家庭是婚姻关系、血缘关系或收养关系组成的社会生活的基本单位。家庭养老一直是我国供养老人的传统方式。新中国建立以来，我国形成了以家庭赡养、扶助老人为主，集体和国家共同照顾老人为辅的制度，目前，家庭仍然是老年人养老的主要场所，家庭成员负有关心、照料老年人的法定义务。家庭成员的责任主要有：在经济上供养老年人；从生活上照顾老年人；从精神上慰藉老年人；关心老年人的身体健康；妥善安排老年人的住房；维护老年人权益。

12. 老年人的自身权益?

老年人行使权利的主体，是受保护的对象，但是老年人不能只是消极地接受保护，应当积极地进行自我保护。在实际生活中，一些合法权益受到侵害的老年人，往往不懂、不会甚至不敢运用法律维护自己的权益，而是采取忍受的态度，有的实在忍受不了就自杀，这种悲剧在各地都有发生。因此，老年人要学法、懂法、用法，运用法律武器主动维护自己的合法权益。当自己的合法权益受到侵犯时，老年人要主动向有关的国家机关、社会团体、企事业单位、基层群众性自治组织等提出控告、申诉或者请求调解，或者直接向人民法院提起诉讼。

第四部分　侵犯老年人合法权益的案例

1. 老年人如何用法律手段追索赡养费?

案例：王大妈丈夫早逝，她一个人拉扯大了5个儿子。儿子们各自去外地谋生，先后都已结婚，并在外地居住。王大妈本该是过着“多子多福”的生活了，可是这5个儿子多年来从未回家看望过年已80岁的老母亲，谁也不愿尽赡养义务。王大妈无奈，决定把5个不孝儿子告上法庭，但不知向哪里起诉。

分析：对于多子女老年人提出赡养诉讼案件的管辖，最高人民法院规定：“追索赡养费案件的几个被告住所地不同在同一辖区的，可以由原告住所地人民法院管辖。”这一规定为老年人在自己住所地法院提起赡养诉讼提供了法律依据，避免了某些法院因赡养诉讼案件审理出现困难怕麻烦而“推管辖”的情况。

在本案中，王大妈可以选择任何一个子女所在地的法院起诉，也可以直接在其所在地的法院起诉。在5个儿子都不愿履行赡养义务的情况下，王大妈可以将全体赡养人为共同被告提起诉讼，要求5个子女全面履行赡养义务。

2. 老年人再婚，子女反对怎么办？

案例：宋大妈28岁时丈夫因意外事故身亡，留下女儿小丽。宋大妈年轻守寡，为了女儿一直没有改嫁。多年来，母女相依为命，宋大妈含辛茹苦把女儿抚养成人。自己年纪已老，希望和需要一个相互照顾陪伴的对象。经人介绍认识了一位退休工人郭大爷。相处一年后，两位老人决定结婚。郭大爷家人都鼓励他再找一个老伴，同意他们的婚事。可是宋大妈的婚事却遇到了女儿的强烈反对。只要一提起和郭大爷的婚事，女儿小丽就十分生气，还扔家里的东西，并让宋大妈自重。第二年，两位老人办了结婚登记手续。小丽得知后，觉得很没面子，一气之下跑到郭大爷家，对两位老人进行谩骂和殴打，并烧掉被子，砸烂家具，致使两位老人受伤住院。两位老人的再婚权利怎样才能得到保护。

分析：老年人为家庭和社会做了大半辈子的贡献，到了年老的时候，需要得到家庭和社会的照顾是合情合理的。而对于丧偶的老年想找个老伴，也是无可非议的。可是，有些子女由于封建思想在作怪，坚决反对老年人再婚。我国《老年人权益保障法》第四十七条规定："暴力干涉老年人婚姻自由或者对老年人负有赡养义务、扶养义务而拒绝赡养、扶养，情节严重构成犯罪的，依法追究刑事责任。”

上述案例中，根据女儿干涉老人再婚的情况，老人可以采取如下措施：

(1) 对子女作耐心细致的说服工作，免伤母女和气。必要时可以谈谈再婚后对家庭财产的安排，因为，子女对父母再婚最敏感的是财产，担心父母再婚，财产会流入外人的腰包。

(2) 通过双方亲友进行劝说，遇到干涉的事情已经发生时，最好请当地居委会或调解委员会进行调解，免伤和气。

(3) 遇到子女打骂父母、毁坏家具、抢占财物的情况发生时，如属情节严重，可根据《刑法》第二百五十七条及《婚姻法》第三条规定，向子女户籍所在地的人民法院起诉。在法庭审理时，如子女表示悔改，认罪服法，法院可以从轻处理，情节轻微的，父母还可以撤诉。情节较轻不构成犯罪的，也可照《治安管理处罚条例》的有关规定处罚。

3. 老年人再婚前应怎样确定各自的财产权？

案例：曹某是离休干部，他的老伴因积劳成疾病故。曹某因子女远在外地，生活孤单，终于决定再婚。经人介绍，在老年大学认识了一位女士谢某。谢某是位退休教师，已离婚多年，其子女各自成家。两人想再婚，但有所顾虑：一是怕因财产问题引起与子女的纠纷；二是担心婚后双方因财产处理问题发生争议。

分析：老年人再婚之前确定各自的财产权是十分必要的，切不可忽略。老人再婚前，能够明明白白确定各自的财产权，可以避免婚后因财产问题而发生纠纷。那么，怎样确定婚前双方各自的财产所有权呢？通常的做法是：

（1）子女们提出的对已亡生父或生母的遗产继承要求，应予以支持。死者的遗产，应由包括诸子女在内的第一顺序继承人共同分割。

（2）老人原来与子女在一起生活的，应当做好再婚前的家庭析产。

（3）再婚双方各自确定本人的婚前财产，婚后不再视为夫妻共有财产。

这样做的好处在于财产权的明确，既可避免不必要的纠纷，又可一旦发生纠纷能够依法处理。比如，属于老人的财产就可不因再婚而受到子女的牵制，再婚后可以自行支配自己的财产，不受配偶的干涉。退一步说，即使再婚后又离异，也只分割共有的那一部分财产，而属于自己的财产不会被对方侵占。当然，确定财产权是一件严肃的事，在与有关的当事人协议后应形成书面材料，并由有关人员签字盖章，最好到公证处予以公证，以免过后发生争议。

4. 老年人结婚也要领取结婚证吗？

案例：李老早年丧夫，后经人介绍与吴老结为夫妻。两老均是退休干部，双方认为七老八十了，没有必要去办理婚姻登记。李老退掉了自己租住的公房，带着 3 万元存款，把东西一搬，就于1995年10月与吴老同居生活了。1998年1月，吴老因脑中风，抢救无效死亡。办完丧事后，吴老的儿子对李老说，现在你应离开这里，父亲留给我的房产我结婚要用，与你无关。李老气愤地说："我与你父亲夫妻一场，这房子我应有份，我还带了3万元存款，一起存在你父亲的存折里。"吴老的儿子说道："我父亲的存款，理应由我继承。"不待李老分说，吴老的儿子把房子一锁，回单位上班去了。李老来到人民法院，请求保护其权益。请问：李老能打赢这场官司吗？

分析：李老能否打赢这场官司，主要是看现行法律对事实婚姻承不承认的问题。

我国《婚姻法》规定："要求结婚的男女双方必须亲自到婚姻登记机关进行结婚登记，符合本法规定的，予以登记，发给结婚证。取得结婚证，既确立夫妻关系。"《婚姻登记管理条例》也规定："中国公民在中国境内结婚、离婚、复婚的，必须依照本条例规定进行登记。"婚姻登记，是我国法律规定的结婚必须履行的程序。没有履行这一程序的应视为无效婚姻。而事实婚姻，是指没有配偶的男女未经合法登记，却以夫妻名义生活在一起，别人也认为他们是夫妻的，这就构成了事实婚姻。对于事实婚姻，过去在司法实践中一般为保护家庭关系的稳定，维护安定团结，准许在一定时期内承认其事实婚姻关系，进而承认双方继承权。最高人民法院在1989年11月21日发布的《关于人民法院审理未办理结婚登记而以夫妻名义同居生活案件的若干意见》中指出：同居生活期间一方死亡，另一方要求继承死者遗产，如认定为事实婚姻关系的，可以配偶身份按继承法的有关规定处理；如认定为非法同居关系，而又符合《继承法》第14条规定的，可根据相互扶助的具体情况处理。但是，自1994年国家民政部公布新的《婚姻登记管理条例》后，不管当事人是否符合结婚的法定条件，只要双方未经结婚登记，其婚姻关系一律无效，基于夫妻关系而产生的继承权也得不到法律保护。

由上述规定可见，本例中李老与吴老于1995年10月两人未经登记就以夫妻名义同居生活的情况，是在民政部新的《婚姻登记管理条例》发布并施行以后，虽然双方符合结婚的法定条件，但未履行结婚登记手续，属于非法同居，因而婚姻关系无效。

李老提出的所谓房产继承权，法律不予保护。又因她有退休金，不是依靠吴老抚养生活来源的人，也不是被吴老抚养较多的人，所以不能按《继承法》第十四条的规定做相对扶助的情况处理，因而她也不能得到吴老的其他遗产。至于她在与吴老同居前给吴老的3万元存款，如果她能提供可靠的证明是属于她的，那么，法院应予以支持。否则，只能认定是吴老的遗产，由其儿子继承。

5. 财产公证的手续具体应该怎么办？

案例：韩某是商界的元老，老伴已故多年，经人介绍结识了一位丧偶女作家。经半年多的相处，有了结为生活伴侣的意向。但鉴于双方各自有子女和一定数量的财产，他们担心再婚后会陷于复杂的财产纠纷而不能自拔。根据韩某和女方商谈，他们决定到公证处办理再婚财产公证，以解决面临的问题。请问他们财产公证的手续具体应该怎么办?

分析：所谓婚前财产公证，是指公证部门对男女双方在结婚前对自己所有的财产约定行为的真实性与合法性进行公证的法律行为。办理婚前财产约定公证，一方面，即使婚姻存续时间较长，婚前财产仍依约定归各自所有，不得视为夫妻共有财产；另一方面，由于财产归属清楚，可以预防纠纷，减少诉讼，这对于成员结构较为复杂的家庭尤为重要。

办理再婚前财产约定公证，应当向公证处提供如下材料：(1) 当事人的身份证、户口本。(2) 当事人婚姻状况证明（由原所在单位或居委会、村委会证明当事人丧偶或离异)。(3) 有关财产证明或凭证（如：房地产权证、股票证明、存款证明等)。（4）婚前财产约定书一式三份(需双方当事人在公证员面前签名或盖章)。只要以上材料齐备，双方对财产约定意见一致，产权无争议，公证处即可出具公证书。

6. 遗嘱应该怎样立?

案例：叶某已到垂暮之年，老伴已故。近两年他的身体衰弱，经常患病。眼下担心的是儿女较多，他们会不会在其故后为继承遗产闹纠纷呢？为了避免这种情况的发生，叶某想订立遗嘱以备将来，请问：叶某应该怎么立遗嘱?

分析：要防止故后出现子女为继承遗产而发生的纠纷，最好的办法就是现在立下遗嘱，在遗嘱中确定财产归谁所有，并注明份额，一定要写得具体明确。立遗嘱时应主意：如果继承人中有未成年人或缺乏劳动能力的人，那就应当给予较多的份额，不得取消他们的继承权。否则，所立的遗嘱无效。

怎样立遗嘱呢？如果自己能够书写，最好立书面遗嘱，在遗嘱的末尾注明年、月、日，并签名盖章。如果自己不能写，可请别人代写，立这样的遗嘱应有两个以上的见证人在场见证，也要注明年、月、日，见证人、代书人和立遗嘱人均须签名或盖章、按手印。也可以付费到公证机关办理公证遗嘱。为确保自书遗嘱和代书遗嘱的法律效力，所立自书遗嘱或代书遗嘱同样应到公证机关办理公证手续。

7. 立怎样的遗嘱才能取得公证呢？

案例：年事已高的徐老师立下遗嘱后，到公证处办理公证手续，公证员说遗嘱的内容不符合法律规定，不能予以公证。既然不是所有的遗嘱都能取得公证，那么，要立怎样的遗嘱才能取得公证呢？

分析：公证机关办公证时，从以下四个方面审查遗嘱的内容是否合法：（1）立遗嘱人必须是具有民事行为能力的成年人，即年满18周岁，意识清楚的人。没有行为能力或限制行为能力的人所立的遗嘱无效。（2）遗嘱必须是立遗嘱的人真实意愿。因为遗嘱是立遗嘱的人将属于自己所有的财产生前进行处分，并在其死后生效的一种民事法律行为。如果是受他人威胁、强迫、欺骗所立的遗嘱，或者是出于他人的伪造、篡改的遗嘱，则一律无效。（3）遗嘱必须符合国家法律规定、公共利益和社会道德、准则。不能损害公共利益，也不得剥夺或减少法定继承人中未成年人、无劳动能力的人及胎儿的继承权和继承的份额，或出于重男轻女的封建思想剥夺女性继承人的继承权。（4）遗嘱所涉及的财产，必须是立遗嘱人的个人财产，而不能是共有财产。

8. 法律如何维护老年人的健康权？

案例：老张到某医院看牙病，医生称："老张的一颗牙已经坏死，必须拔掉。"牙被拔掉后，老张感觉不适，又到医院看牙，原来被诊断为坏死的那颗牙并未拔掉，却拔掉了一颗好牙。老张非常生气，为获得赔偿，老张多次与医院交涉但未果。对此，我国法律是如何规定的。

分析：本案所涉及的是健康权的法律问题。

健康权是自然人以其生理机能正常运作和功能发挥、维持人体生命活动的利益为内容的人格权，主要包括健康维持权和劳动能力保持权。《民法通则》第九十八条规定："公民享有生命健康权。"侵害公民健康权的，公民有权要求予以赔偿。

结合本案来看，老张到医院去看病，和医院之间就形成了医疗服务的民事合同关系，老张享有得到及时和正确医治服务的权利，负有支付医疗费的义务；医院方享有收取医疗服务费的权利，负有及时、正确地为病人进行医疗服务的义务。由于医疗人员在治疗过程中的失误，造成老张的一颗好牙被拔掉，已构成医疗事故。国务院颁布的《医疗事故处理办法》对医疗事故作出定义：在治疗护理工作中，因医务人员诊疗护理过失，直接造成病人死亡、残病、组织器官损伤导致功能障碍的称为医疗事故。

本案中，老张的牙被错拔，其医疗事故已构成对老张健康权的侵害。医院应对其进行经济赔偿。在多次与医院交涉未果的情况下，老张可以向人民法院提起诉讼，依法维护自己的合法权益。

9. 老年人是否依法享有个人财产处分权？

案例：农民向某早年丧妻，将二男一女抚养成年，子女均在外工作成家。向老汉年老多病无人照料时，邻居柳大嫂把向老汉当作自己的亲爹一样关心照料，向老汉 70 多岁时，因柳大嫂儿子多，无房屋居住，向老汉有四间房，未与子女商量决定将两间房屋赠送给柳大嫂，并当着村上领导写了赠书、办理了房产权转移手续。子女知道后，坚决不同意，子女认为这房子是父母的财产，子女都有份。今后房子是子女的财产，父亲无权个人处理，强行从柳大嫂家要回房产证。向老汉没办法只得到乡司法所询问：老年人是否依法有权处分个人财产？

分析：《老年人权益保障法》第十九条第一款规定："老年人有权依法处分个人的财产，子女或者其亲属不得干涉，不得强行索取老年人的财物。"

公民个人财产所有权包括占有权、使用权、收益权和处分权。个人财产处分权是指所有人依法对其财产进行最后处置的权利。根据上述规定，老年人依法有权处分个人的财产，子女等亲属不得干涉。本案向老汉依法有权决定处理个人所有的房屋。受到子女干涉，怎么办呢？（1）老年人可以向子女进行法制教育，说明处分的原因，使子女亲属增强法制观念，了解处分情况，自觉支持老年人依法决定处分个人财产，尊重老年人的意愿和权利。（2）如果女子仍不依法办事，“一切向钱看”，干涉老年人的个人财产处分权，可以向子女所在单位反映，请求单位领导批评教育、制止干涉。（3）如果子女不听教育，非法干涉老年人的个人财产处分权，老年人依法有权向法院起诉，请求法院依法责令子女停止侵害、排除干涉。

10. 农村老年人的承包地，是否依法有权要求赡养人无偿耕作？

案例：老年人许某夫妇有二儿一女，都已成家立业，许某夫妇有承包田 3 亩、耕地 4 亩，由于年老多病丧失劳动能力，许某要求两个儿子各无偿耕种 3 亩田地，成本由父母出，收益归父母，两个儿子以要有偿耕作为由拒绝无偿为父母耕种。许某问：农村老年人的责任田地是否依法有权要求赡养人无偿耕种？

分析：农村老年人的责任田地、山林、牲畜，依法有权要求赡养人无偿耕作和照料，收益归老年人所有。《老年人权益保障法》第十四条规定：“赡养人有义务耕种老年人承包的田地，照管老年人的林木和牲畜等，收益归老年人所有。”所谓赡养人，是指老年人的子女以及其依法负有赡养义务的人。根据上述规定，老年人承包的责任田地，依法有权要求赡养人无偿耕种和照管。如果赡养人拒绝履行耕种义务，老年人依法有权要求所在村民委员会领导批评教育，协商解决。协商不成，依法有权向人民法院起诉，请求法院判令赡养人履行耕种、照管义务。

11. 老年人与家庭成员因赡养、扶养、财产等发生纠纷，依法应该怎样处理?

案例：万老已经67岁，因为长期与子女疏于沟通，造成感情上的隔阂。其子女也认为老人性格孤僻，脾气暴戾，对万老缺乏应有的尊重。万老在家中经常与家庭成员发生赡养、扶养、财产方面纠纷和矛盾，邻居和亲戚劝解也不见效。万老很苦恼，问：老年人与家庭成员因赡养、扶养、财产发生纠纷，依法应该怎样处理?

分析：老年人与家庭成员因赡养、扶养、财产发生纠纷矛盾，不要采取骂架、打架和强硬的粗蛮办法去解决，而要依靠组织和法律手段依法解决。《老年人权益保障法》第四十五条规定：“老年人与家庭成员因赡养、扶养、住房、财产发生纠纷，可以要求家庭成员所在组织或者居民委员会、村民委员会调解，也可以直接向人民法院提起诉讼。调解前款纠纷时，对有过错的家庭成员，宜给予批评教育，责令改正。人民法院对老年人追索赡养费或者扶养费的申请，可以依去裁定先予执行。”

老年人与家庭成员因赡养、扶养、住房、财产发生纠纷矛盾，应从以下几个方面着手处理：（1）坚持家庭内部共同协商解决。老年人是家庭成员之间的长辈，既要依法维护自己的合法权益，又要体谅赡养人、扶养人的实际困难。家庭成员之间要互相尊重、互相爱护、互相体谅，这是解决家庭纠纷矛盾的有效方法；（2）请求有关组织、单位调解处理。如果内部协商达不成协议，老年人依法有权请求家庭成员所在工作单位组织或村委会，居委会、乡政府进行非诉讼调解处理。（3）向人民法院起诉，用法律手段解决。老年人与家庭成员发生上述纠纷，经调解协议不成时，可以向人民法院起诉，也可不经调解，直接向人民法院起诉，按法律程序解决。（4）老年人在民事诉讼过程中，因追索赡养费、扶养费，生活困难的，依法有权申请先予执行。

12. 老年人怎样依法申请法律援助？

案例：农民成某今年70岁，老伴早已去世，有两个儿子早已成家另过。按村委会调解达成的赡养协议，两个儿子每年各供200斤大米，人民币1500元。但两个儿子不按协议提供赡养费，成老汉想向法院起诉，需要请律师，因经济困难，想申请法律援助。问：老年人怎样依法申请法律援助？

分析：根据《司法部关于开展法律援助工作的通知》的有关规定：（1）必须首先明确自己是否符合法律援助申请的对象和案件范围，凡符合法律援助申请对象条件的，可以决定申请，否则，不要提出申请。(2) 必须书写法律援助申请书。(3) 必须明确法律援助管辖权。(4) 必须明确应递交的材料。在向法院援助机构提交申请书的同时，必须递交下列材料：①身份证、户籍证或暂住证；②有关单位出具的申请人及家庭成员经济状况的证明；③申请法律援助的事项的基本情况；④法律援助机构认为需要提供的其他材料。申请人为未成年人或无行为能力人的，应由其监护人代为申请。代申请人应提交有代理权资格的证明。(5) 法律援助机构审查批准。法律援助机构应当自收到申请书之日起20日内进行审查，并作出是否予以法律援助的决定。(6) 对审查认为符合条件的，应作出同意提供法律援助的书面决定书，并指定承担法律援助义务的律师，并通知受援人。由承办律师与法律援助机构、受援人三方签订法律援助协议书，明确规定各方的权利和义务。(7) 对不符合条件的，应作出不予法律援助的决定书，并通知申请人。申请人对不予法律援助决定有异议的，可以申请重新审议一次。

13. 被宣告死亡的老人重新出现，已被依法处理的财产可否要求返还或补偿？

案例：黄老先生是书画界名家，饮誉画坛数十年，于1995年1月外出写生，4年来杳无音信，不知下落，其妻子胡某于1999年5月向人民法院申请宣告黄某死亡，人民法院发布公告1年后，正式宣告黄某死亡。胡某将黄某的房屋等家产卖掉，携带一女儿改嫁外县。2000年6月，黄老先生突然从外地回家。黄老先生要求要回老婆孩子和房屋等家产，其妻子拒绝。问：被宣告死亡的老人重新出现，已被依法处理的财产可否要求返还或补偿？

分析：被宣告死亡人黄某重新现出，依法由本人申请人民法院撤销对他的死亡宣告。黄某无权要回自己原来的妻子，但依法有权要求其妻子胡某返还其房屋等个人财产。《民法通则》第二十三条规定："公民有下列情形之一的，利害关系人可以向人民法院申请宣告他人死亡；下落不明四年的，……"。第二十四条规定："被宣告死亡的人重新出现或者确知他没有死亡，经本人或利害关系人申请，人民法院应当撤销对他的死亡宣告。"第二十五条规定："被撤销死亡宣告的人有权请求返还财产。依照继承法取得他的财产的公民或者组织，应当返还原物；原物不存在的，给予适当补偿。"

宣告死亡，是指公民下落不明达一定期限，经利害关系人申请，人民法院宣告死亡的法律制度。宣告死亡是法律上一种推定死亡，而不是生理死亡。实行宣告死亡制度的目的重在保护被死亡人的利害关系人的合法权益。宣告死亡后的法律后果是被宣告死亡人的婚姻关系被依法解除，其配偶可以与他人结婚，其子女可以被他人收养，其继承人可继承其遗产，其所负担的人身性债务关系消失。

被宣告死亡人重新出现后，具体问题如何依法处理？（1）本人或利害关系人向人民法院申请，由人民法院撤销对他的死亡宣告。（2）婚姻关系问题，如果其配偶未再婚，婚姻关系自然恢复，如果其配偶已婚，其配偶的第2

次婚姻关系受法律保护；如果其配偶坚持和宣告死亡重新出现人复婚，其配偶必须办理离婚手续后再和重新出现人办理结婚登记手续。(3) 被宣告死亡人的子女在宣告死亡期间被他人合法收养的，收养关系有效，如果收养者愿意解除收养关系，宣告死亡重新出现人可以要回自己的子女。(4) 在宣告死亡期间，其财产被继承、遗赠等处理的，不论取得其财产的根据是继承、遗赠或人身保险，都依法应当返还给重新出现人。原物存在的应返还原物，原物不存在的，给予适当补偿。本案重新出现人黄某对于财产问题可以与原妻子胡某协商返还或补偿，协商不成，可依法向人民法院起诉请求返还财产。

14. 老年人怎样依法处理相邻关系和相邻纠纷?

案例：机械厂与居民王老汉家相邻，机械厂要利用王老汉家住房的外墙作为内墙修建公共厕所，但王老汉性子暴烈，几个月，多次与机械厂发生矛盾和斗殴。请问：老年人怎样依法处理相邻关系和相邻纠纷?

分析：相邻关系实际上是与财产所有权有关的一种财产相邻权。财产相邻权是由相邻关系产生的，是指财产所有人或占有人，在相邻间合法行使权利的时候，要尊重他方所有人或占有人的合法权利。根据《民法通则》第八十三条的规定："不动产的相邻关系有以下四种正确处理原则：(1) 截水、排水关系。水流属国家所有，相邻各方均可利用。在截水和排水时，相邻各方应互相照顾，合理安排。(2) 道路通行关系。相邻一方建筑施工，不得堵塞他方通行；对历史上形成的或者大家公认的通道，相邻各方不得随意堵塞或改道，如确需改道，要取得邻人同意。(3) 通风、采光关系。相邻建筑之间要留有相当距离，以免影响邻人通风、采光。(4) 管线安装、防险、排污、环保关系。相邻各方在他方房屋上或房地下或房周边安装线路、管道，要事先征得他方同意和协商处理有关问题；在防险或排污堆放腐朽物、有毒物、恶臭物、垃圾时，不得影响他人生产生活。”

解决相邻纠纷矛盾的途径：(1) 可以双方协商解决；(2) 可以申请当地组织和政府或乡司法所进行调解解决；(3) 协商不成，可以向人民法院提起民事诉讼。千万不能以骂架、打架斗殴的办法去解决。

本案某县机械厂利用王家住房的外墙作内墙修建公共厕所的行为，是侵犯王老汉邻权的违法行为依法应当停止侵害。

15. 老年人交纳诉讼费有困难的可以缓减或免交吗？

案例：蒋大妈无儿无女，与唯一的亲人——她的侄子相依为命。不幸的是，她的侄子因公殉职，但其单位对事故性质存有异议，不肯发放抚恤金。蒋大妈衣食无着，就到法院起诉侄子的单位，要求给予抚恤金和生活费。然而蒋大妈为交纳数百元的诉讼费犯了愁，问老年人交纳诉讼费有困难的可以缓减或免交吗？

分析：诉讼费用，是指当事人向人民法院提起民事、经济、刑事、行政诉讼时，依照法律规定，向人民法院交付的费用。诉讼费用主要包括案件受理费和其他诉讼费两种，其他诉讼费包括应由当事人支付的费用，如鉴定费、勘验费、公告费、翻译费，等等。诉讼费用一般先由原告预付，最后由败诉的当事人全部承担。如果当事人部分胜诉、部分败诉，诉讼费用按比例分担。经调解的案件，诉讼费用由当事人协调解决。追索赡养费、扶养费、抚恤金和劳动报酬等案件，原告可不预交受理费，审理案件时，由败诉方承担。

为了体现国家对有实际困难的老年人的照顾，保证不因老年人无能力支付诉讼费用而影响对其合法权益的保护，《老年法》规定老年人因其合法权益受侵害提起诉讼，交纳诉讼费用确有困难的，可以缓交、减交或者免交。老年人申请诉讼费用的缓交、减交或免交的，应向人民法院提出书面的或口头的申请，并说明具体事实理由。

16. 社会保险与社会保障有何不同?

案例：和平社区最近举办了一次法律夜校，在一次学习讲座会上，王老太手里拿着《老年人权益保障法》来问秦老头，《老年人权益保障法》里头有一章叫“社会保障”，那么，“社会保障”究竟是指什么？是不是就是指养老保障和医疗保障？好像跟“社会保险”意思差不多？秦老头最喜欢钻研理论，过去当过宣传干部，是个“老学究”。这次，面对王老太连珠炮似的发问，还真一下子愣住了。请问，社会保险与社会保障到底有何不同？

分析：社会保障是指国家为了保持经济发展和社会稳

定，对公民在年老、疾病、伤残、失业、遭遇自然灾害、面临生活困难的情况下，由政府和社会依据法律、法规，给予物质帮助，以保障公民的基本生活需要的制度。我国的社会保障体系包括社会保险、社会救济、社会福利、优抚安置和社会互助、个人积累保障。社会保障制度是国家的基本制度之一，它覆盖的对象是全体公民。社会保障是公民享有的基本权利。《宪法》第四十五条规定："中华人民共和国在年老、疾病或者丧失劳动能力的情况下，有从国家和社会获得物质帮助的权利"。社会保障被誉为"社会安全网"与"减震器"。

社会保障系指劳动者在年老、失业、患病、伤残、生育等情况下，国家通过立法对其给予必要的经济补偿和物质帮助，保障其基本生活的一项社会制度。我国的社会保障包括：养老保险、医疗保险、失业保、工伤保险、生育保险和疾病、伤残、遗属津贴制度。《劳动法》规定："劳动者在下列情况下，依法享受社会保障待遇：（1）退休；（2）患病、负伤；（3）因工伤残或者患职业病；（4）失业；（5）生育。劳动者死亡后，其遗嘱依法享受遗嘱津贴。"社会保险是社会保障的核心。社会保险覆盖的对象是创造社会财富、决定经济发展的群体——劳动者群体。社会保障制度的建立是现代工业大生产的产物，是经济发展和社会进步的标志。

17. 社会保险与商业保险有何区别?

案例：农民张老汉65岁，有点积蓄想用来买保险。但他又听说保险有社会保险和商业保险之分，他不知道哪种保险可以买哪种保险不可以买，请问：社会保险和商业保险究竟有什么区别?

分析：社会保险与商业保险的区别在于：（1）性质不同。社会保险是国家通过立法，强制实施，以保障劳动者基本生活为目的，是非盈利性的保险。商业保险是保险公司与投保人按照《保险法》的规定，在自愿、公平的原则下建立的契约关系，以完成合同约定，支付保险金为目的，属于纯盈利性的保险。（2）举办主体不同。社会保险的主办单位是劳动和社会保障部门及其委托的社会保险经办机构。商业保险的主办单位是根据《中华人民共和国公司法》、《中华人民共和国保险法》并经批准成立的保险公司。（3）实施对象不同。社会保险的对象是创造社会财富的劳动者，仅限于自然人；商业保险的对象是投保人，可以是自然人，也可以是法人。（4）资金来源不同。社会保险费用来自国家、企业和职工个人三方或国家、企业双方（如工伤保险、生育保险个人不缴费）；商业保险费用来自投保人缴纳的保费。（5）责任不同。社会保险是政府行为，最后责任由政府承担，即社会保险费出现入不敷出时，由政府财政兜底。商业保险是商业行为，如果保险公司由于经营不善，资不抵债，依法宣告破产，被保险人同样承担经济损失。（6）受益人资格不同。社会保险对受益人资格有严格界定，必须是法律规定的受益人；商业保险的受益人可由投保人任意指定，保险金可转让或赠送。

18. 保险基金专户与退休养老基金专户有何区别与联系？

案例：彭某是某国有企业职工，去年55岁，去年年底办理退休时办事人员说，以后退休工资就从“保险基金专户”领取。但老彭原来听说有个“退休养老基金专户”，现在怎么到“保险基金专户”领取，问：保险基金专户与退休养老基金专户有何区别与联系？

分析：在实施养老保险制度之前，我国实行的是退休养老制度。先是由各单位各自负担本单位退休人员的退休费用。后来，有些效益下降、退休人员较多的单位负担过重，不能保证所有的退休人员都能及时足额地拿到退休金。为了让退休老人们安享晚年，我国实行了退休金统筹制度，由企业在经济效益好的时候，向退休金统筹管理机构交纳统筹费用，职工退休后由退休统筹管理机构发放退休金，单位不再负责发放职工退休金。企业缴纳的统筹退休金；由统筹管理机构存入在银行开设的“退休养老基金专户”，专款专用。

实施养老保险制度后，企业不再缴纳统筹退休金，改为向社会保险管理机构缴纳养老保险费。这些从各单位征缴来的养老保险费，由社会保险管理机构存入银行“养老保险基金专户”，也实行专项存、专款专用。

可见，养老保险基金专户与退休基金专户没有本质的区别，它们都是负责职工养老工作的机构在银行开设的保管企业缴纳的职工退休资金的户头，其作用均是为了保证职工年老退休后能够及时、足额地领到保证基本生活的保险金或退休金。

19. 基本养老保险费要由哪几方共同负担？

案例：秦某在某私有企业应聘担任经理职务。任职前，他与该企业签订了一份该企业自制的格式合同，双方约定：秦某年薪3.6万元，包括各类补助、住房基金、养老保险费、交通补助及工作午餐补助等所有费用在内，秦某自行办理商业养老保险，企业不再负担其养老保险费用。秦某在任职五个月后，又找到了一份更为合适的工作，于是提前一个月向某私有企业提出解除劳动合同的请求，双方于2000年8月15日解除了劳动合同。8月18日，秦某又应聘到某电脑公司工作。在办理有关手续时，于是向原任职企业人事部询问此事。原任职企业人事部经理拿出秦某的劳动合同并告知：合同内规定由秦某自己负责办理商业养老保险。因企业不再负责为秦某缴纳养老保险费，双方为此事发生争执。基本养老保险费要由哪几方共同负担？

分析：基本养老保险费由国家、企业和个人三方共同承担。这是我国养老保险改革的一项重大举措。国务院《关于企业职工养老保险制度改革的决定》指出：基本养老保险基金实行社会统筹，由政府根据一定的原则统一筹集，费用由国家、企业和个人共同负担。企业缴纳的基本养老保险费，按企业职工工资总额和当地政府规定的比例提取，由企业开户银行按月代为扣缴，企业逾期不缴，要按规定加收滞纳金。职工个人缴纳基本养老保险费，按本人工资的一定比例由企业在发放工资时代为收缴。《劳动法》规定："用人单位和劳动者必须依法参加社会保险，缴纳社会保险费。"国务院《社会保险费征缴暂行条例》规定，基本养老保险费的征收、缴纳适用该条例。缴费单位，必须向当地的社会保险经办机构办理社会保险登记，参加社会保障。

可见，参加基本养老保险是企业和个人的法定义务。它不同于自由投保的商业保险。凡在规定范围内的单位和个人必须无条件参加，并按规定缴纳养老保险费。

因此，秦某与供职的原企业签订的劳动合同中关于"由秦某个人负责办理商业养老保险"的条款有效，该企业必须为秦某补办社会保险登记，补缴6个月的基本养老保险费。

20. 医疗制度改革后，参加基本医疗保险的退休职工去哪儿看病？

案例：谭某是某大学的教授，2000年9月办理了退休手续。原来工作期间身体一直很好，没上过医院，退休后不久，发现自己有阑尾炎，但他不知道要到哪个医院去看病才可以享受公费医疗，经打听，一定要到定点医疗单位方可享受公费医疗，请问：医疗制度改革后，参加基本医疗保险的退休职工去哪儿看病？

分析：参加了基本医疗保险的退休职工与其他在职职工（简称参保人员）一样，应在定点医疗机构就医。除急诊和急救外，参保人在非选定的定点医疗机构就医发生的费用，不得由基本医疗保险基金支付。

纳入基本医疗保险支付范围的医疗服务设施费用主要包括住院床位费及门（急）诊留观床位费。对已包含在住院床位费或门（急）诊留观床位费中的日常生活用品、院内运输用品和水、电等费用，基本医疗保险基金不另行支付，定点医疗机构也不得再向参保人员单独收费。

医改后，下列诊疗项目需要参保人员自费：（1）服务项目类。①挂号费、院外会诊费、病历工本费等；②出诊费、检查治疗加急费、点名手术附加费、优质优价费、自请护士等特需医疗服务（如：点名手续、点时手术、点名会诊、点名检查、点名护理、加台手术、电话预约看病、家庭医疗保健服务、特殊病房）费等。（2）非疾病治疗项目类。①各种美容、健美项目以及非功能性整容、矫形手术等（如：割六指、单眼皮改双眼皮、斜视矫正术、厚唇变薄术、矫治口吃、治疗雀斑、老人斑、色素沉着、腋臭、脱发、白发的医疗费、脱痣、穿耳、平疣、假发的费用等）；②各种减肥、增胖、增高项目的一切费用；③各种健康检查、婚前检查、游泳体检、出境体检费以及出国工作、探亲、考察、进修、讲学期间所发生的医疗药品费用；④各种预防、保健性的诊疗项目（如：各种疫苗、预防眼药、预防接种、疾病普查、疾病跟踪随访费等）；⑤各种医疗鉴定、医疗咨询。

21. 投保时隐瞒真实年龄将出现什么样的后果？

案例：何某，现年66周岁，身体健康。1999年12月

7日，何某向保险公司投保祥和定期险，保险期间为5年，保险金额为3万元，在填投保单时，何某隐瞒了自己的真实年龄，将出生年份少填了5年，变更为61周岁。2001年3月8日，保险公司的工作人员在一次例行调查中，偶然发现了何某填报年龄错误。经保险公司研究决定，书面告知何某解除保险合同，并不再退还保险费。何某不服，向当地法院提起诉讼。

分析：在人寿保险中，被保险人的年龄关系到保险费率的计算及危险程度的衡量。因此，投保时应如实填报。何某在填写投保单时，隐瞒其真实的年龄，违背了诚实信用原则。根据人寿保险公司《祥和定期保险条款》第二条的规定，祥和定期险的被保险人年龄限定在16岁至65周岁。可见，何某的真实年龄不符合该保险的年龄限制条件，保险公司可以解除合同。但保险公司应在扣除必要的手续费后向何某退还保险费。退还保险费，自合同成立之日起超过2年的除外。另外，被保险人年龄不实，致使投保人支付的保险费少于应付的保险费，保险人有权更正并要求投保人补交保险费，或者在给付保险费时按照付保险费与应付保险费的比例支付；致使投保人实付保险费多于应付保险费的，保险人应当将多收的保险费退还投保人。

22. 非国有企业养老保险应包括哪些对象？

案例：某个体工厂有职工近20人，专门生产晴雨伞。职工张某63岁，已在工厂干了近10年，没有听说有什么养老保险的规定，便向厂方询问；谁知老板怕他在职工中宣讲关于养老保险的事，就找到一个借口把他开除了。张某想不通，为什么一问养老保险的事，就会被开除，于是向李律师请求法律帮助。李律师告诉他，要求厂方为职工办理养老保险和支付养老保险费是每个职工的权利，厂方因此开除他是没有理由的。于是，张某就向当地劳动仲裁委员会申请，要求厂方同意其回厂上班，并按规定为自己办理养老保险。

分析：非国有企业，是指除国有企业以外的其他企业。《社会保险费征缴暂行条例第三条规定：“基本养老保险费的征缴范围是国有企业、城镇集体企业、外商投资企业、城镇私营企业和其他城镇企业及其职工、实行企业化管理的事业单位及其职工。”可见，非国有企业养老保险的对象，应包括集体所有制企业职工、私营企业职工、三资企业职工和个体劳动者，农村劳动者（如农场属企业化经营）也可列入其中。他们的养老保险可参照国有企业的养老保险制度执行。具体办法由各省、自治区、直辖市人民政府制定。

目前，我国非国有企业职工的养老保险制度还很不完善，实施办法也不统一，与生产力发展的要求还相距甚远。而非国有企业职工中的许多人，还不知道养老保险是自己的权利和义务，甚至在自己的权利受到侵害时，也不会拿起法律的武器来维护，按照民事诉讼“不告不理”的原则，我国的劳动仲裁机关和人民法院也不会去裁定或者判决那些当事人不请求立案的案件。因此，在现阶段，劳动者在养老保险方面受到侵害的事实仍大量存在，这种现象必须逐步予以纠正。

劳动仲裁委员会认为：厂方随意解聘职工，违反了劳动合同的规定，是不合法的，厂方不按有关规定为职工办理养老保险并封锁消息，是对职工合法权利的侵犯，是不合法的。因此，仲裁决定：厂方开除张某的决定无效；应恢复张某的工作，并补发张某的工资；厂方应为张某办理养老保险手续，并负责支付应当缴纳的养老保险费。

23. 复员退伍军人因年老体弱、生活困难，是否依法有权申请定期定量补助？

案例：广西某县复员退伍军人刘某，自1959年入伍，1963年复员退伍回乡参加农业生产，现已年逾60岁，身体多病、家有妻子和3个小孩，家庭生活困难。刘某从未向当地政府和民政部门伸手要补助，后来刘某抱着试探口气向乡武装部长询问：复员退伍军人年老多病、生活实在困难的，是否能依法申请国家适当补助？

分析：复员退伍军人没有参加工作，因年老体弱多病，家庭成员生活困难的，依法有权向当地县级民政部门申请定期定量经济补助。国务院颁布的《军人抚恤优待条例》第38条规定："复员军人未参加工作，因年老体弱、生活困难的，按照规定的条件，由当地民政部门给予定期定量补助，并逐步改善他们的生活待遇。"

根据上述规定，复员军人依法享有民政部门定期定量补助的条件有3个方面：（1）复员军人复员退伍回乡没有参加正式工作的，参加了正式工作的无权享受定期定量补助。(2) 年老体弱，所谓年老是指年龄60岁以上。(3) 家庭生活困难，所谓生活困难，是指生活水平低于当地群众平均生活水平。只要符合第一个条件和第二、第三个条件之一的，依法有权向当地民政部门申请定期定量补助。本案刘某符合上述三个条件，依法可以向当地县级民政部门申请定期定量补助。

24. 农村哪些村民依法享有“五保”供养救济权？怎样依法申请“五保”供养救济？

案例：某乡农民范某今年63岁，有个儿子是个体户，但儿媳很厉害，嫌弃他老人家，他也不愿意去找儿子要，看见隔壁邻居陈老吃“五保”，范某也想去申请，请问：农村哪些村民依法享有“五保”供养权？怎样依法申请取得“五保”供养？

分析：1994年1月23日国务院第141号令颁布了《农村五保供养工作条例》，《五保条例》第六条规定：“五保供养的对象是指村民中符合下列条件的老年人，残疾人和未成年人：

(1) 无法定扶养义务人，或者虽有法定扶养义务人，但是扶养义务人无扶养能力的。

(2) 无劳动能力的。

(3) 无生活来源的。

农村村民中符合上述条件的老年人、残疾人和未成人依法享有五保供养救济权，所谓五保供养，《五保条例》第二条规定：“本条例所称五保供养，是指对符合本条例

第六条规定的村民，在吃、穿、住、医、葬方面给予生活照顾和物质帮助。”《五保条例》第9条规定：“五保供养的内容是：①供给粮油和燃料。②供给服装，被褥等用品和零用钱。③提供符合基本条件的住房。④及时治疗疾病，对生活不能自理者有人照料。⑤妥善办理丧葬事宜。五保对象是未成年人的，还应当保障他们依法接受义务教育。”五保供养所需的经费和实物，从村提留或乡统筹费中列支，具体供养的实际标准，不低于当地村民的一般生活水平，具体由乡级政府规定。”

村民申请五保供养，首先考虑自己是不是符合五保供养对象的条件，自己认为符合五保供养对象条件的，就决定申请。否则，就不要申请。

村民申请五保供养，应当由本人提出书面或口头申请，也可以由村民小组提名，经村民委员会审核，报乡级人民政府批准，发给《五保供养证书》。

本案中范某自己有儿子照顾，不能申请。

25. 对父亲有遗弃行为，亲生女无权继承遗产？

案例：小李没有想到作为父亲李某唯一的亲生女儿，在父亲去世后自己竟然没有遗产继承权。3月20日，山东省东营市东营区人民法院依法审结了这起遗产继承案，一审确认李某的遗产由小李的姑姑继承。

小李的母亲与父亲李某于1975年经法院调解离婚，小李跟随母亲生活。李某离婚后一直未再婚，并于1985年调至东营工作。去年年底，李某在东营病逝，遗留80型楼房一套。李某去世后，李某的姐姐主张对李某尽了主要赡养义务，并向法庭提交了李某的临终谈话记录，证明自己依法应享有继承权，而小李认为自己是李某唯一的第一顺序继承人，应继承李某的房屋，因此小李将姑姑告上了法庭，要求法院依法确认自己对房屋的继承权。

分析：法院审理后认为，李某姐姐提供的证据证实了其对李某尽了生养死葬义务的事实。且其提供的李某临终谈话记录，有两名无利害关系人在场见证，并由临终看护人之一记录，且见证人出庭接受了双方当事人质询，记录内容与见证人的当庭陈述能够相互印证，小李虽不予认可，但未提供相反证据亦未向法庭申请鉴定，对该证据法院依法予以采信。该份证据虽然不具备遗嘱的法定形式要件，但其内容反映了被继承人李某对其房产的处理意向，在遗产分割时应予考虑。小李作为被继承人唯一的亲生女儿，对被继承人负有法定的赡养义务。自1975年被继承人李某与前妻离婚后，小李跟随母亲在外地生活，虽然在最初的几年里，小李和父亲有过来往与联系，但小李不能向法庭提供其在2000年至2007年父亲病重且需要有人照顾期间，来东营照顾李某生活或处理丧事的证据，可以认定小李对父亲有遗弃行为，依法应丧失继承权。被继承人李某遗留的房产应由第二顺序继承人即其姐姐继承。据此，法院依法作出了上述判决。

26. 七旬老妪持公证遗嘱状告亡夫三子女要求继承房屋。

案例：4月28日下午，湖北省宜昌市葛洲坝人民法院调处了一起七旬老妪状告亡夫三子女要求继承房屋的案件。

2008 年 4 月 28 日下午，该院在庭审中查明：今年 75 岁的秀芳于 1995 年 5 月与张京、张荣、张华的父亲张中权结婚，双方均系再婚。1996 年 9 月 23 日，张中权立下遗嘱：待其去世后房屋由秀芳继承，并对遗嘱进行了公证。2007 年 10 月 26 日，张中权病故。之后，秀芳持公证遗嘱到房产管理部门未能办理该房屋的过户手续。为了办理房屋过户，秀芳迫不得已到法院状告亡夫的三子女，请求法院判决由秀芳继承该房屋。

分析：在庭审中，张京、张荣、张华对公证遗嘱没有异议，但对秀芳将他们告上法庭十分生气，由此认为秀芳与其父亲结婚的目的和动机不纯。据此情况，承办法官通过对三被告辩理析法和大量的思想工作，使他们的情绪逐渐平和。通过当庭调解，双方达成协议：按照公证遗嘱房屋由原告秀芳继承，秀芳自愿承担了案件受理费。

至此，一起为了办理房屋过户，七旬老妪迫不得已状告亡夫三子女，要求按公证遗嘱继承房屋的案件得于调解结案。

27. 继子女的亲生子女可以代位继承吗？

案例：李老先生与前妻生有阿英、阿田两个孩子。他与张女士再婚后，又生有阿扬、阿湘、阿楠三个子女。阿英从小由张女士抚养。李老先生、阿英早年去世。前不久，张女士也因病逝世。张女士生前一直居住在阿楠家，由他赡养。她的另两个亲生子女阿扬、阿湘经常去看望她，并为她支付了部分医药费。张女士去世后，阿扬、阿湘起诉阿楠，要求继承张女士的遗产。小山是阿英的儿子，他认为，张女士的遗产中有自己母亲阿英的份额，所以，加入到诉讼中，要求代位继承遗产的三分之一。阿田放弃了继承权。

分歧意见

本案中，关于小山是否享有代位继承权形成了两种不同意见：

第一种意见认为，小山不享有代位继承权，因为小山的母亲阿英是继子女，且先于张女士去世，没有对她尽到赡养义务。

第二种意见认为，小山享有代位继承权，因为继承法规定继子女同生子女享有同等的权利。

分析：我国继承法规定，被继承人的子女先于被继承人死亡的，由被继承人的子女的晚辈直系血亲代位继承。代位继承人一般只能继承他的父亲或者母亲有权继承的遗产份额。《最高人民法院关于贯彻执行〈继承法〉若干问题的意见》规定，被继承人的养子女、已形成扶养关系的继子女的生子女可代位继承。本案中，小山的母亲阿英从小由张女士抚养，虽是张女士的继女，但已与她形成了扶养关系。因此，小山可以代位继承其母阿英有权继承的份额。

在遗产继承时，只有发生我国继承法规定的故意杀害被继承人，或为争夺遗产而杀害其他继承人，或遗弃被继承人，或虐待被继承人情节严重，或伪造、篡改、销毁遗嘱，情节严重的这4种情形，继承人才丧失继承权。所以，阿英虽然没有对张女士尽到赡养义务，但并没有做上述任何一种行为，也就没有丧失继承权，因而，小山依然享有代位继承权。

张女士在死后留有遗产，但没有留下遗嘱，她的遗产应按法定继承分配。阿田在遗产分配前表示放弃继承，法院应当准许。遗产分配应遵循权利义务对等原则，张女士生前一直由阿楠抚养，阿楠尽了主要赡养义务。阿扬、阿湘也常去看望老人，并为老人支付了部分医药费，所以，他们也尽了一定的赡养义务，但没有阿楠尽的赡养义务多且全面。小山的母亲阿英早年死亡，对张女士所尽的赡养义务较少。小山代位继承，只能继承其母亲可以继承的份额。最终，法院判决阿楠得到遗产的大部分，阿扬、阿湘其次，小山所得最少。

28. 再婚老伴去世房产怎样分配？

案例：五年前，王老太改嫁张老汉，并办了结婚登记手续。近日，张老汉因病去世，留下一所住宅。该住宅是否归王老太所有？张老汉婚前子女及王老太的子女能否享有继承权？

分析：律师答：根据《婚姻法》第十八条及《继承法》第十条有关规定，如果该住宅是张老汉婚前财产，王老太及其子女均没有继承权。如果住宅是两个人的婚后财产，应将住宅先分一半给王老太，剩余部分如果张老汉的子女履行了赡养义务，则拥有继承权，由王老太及双方子女共同继承；如果王老太的子女没尽赡养义务，由王老太与张老汉的子女共同继承。

29. 本案房产是否应作为遗产继承？

案例：张成与潘英夫妇生前拥有房产9间，1999年1月17日，夫妇二人将其房产赠与给其长孙张军6间、次孙张利3间，并办理了公证。2002年10月15日、2003年6月14日，张成与潘英夫妇相继去世，其赠与的房产便由张军和张利二人管理使用。现该处房产处城市规划的拆迁范围，张军、张利二人便欲与拆迁人签订拆迁补偿协议，然而，却遭到了其叔叔（系张成、潘英夫妇之子）张其、张华二人的阻止。张其和张华认为其作为儿子，对父母尽到了生养死葬的义务，该房产应归其继承，父母不应将其财产送给张军、张利。

为此，张军、张利二人将其叔叔张其、张华诉至法院，请求确认该争议的房产归其所有。

分析：对本案原、被告争议的房产应归谁所有，存在不同的认识。

一种观点认为应归被告张其、张华继承，按份所有。因为被告作为该房产的原所有权人之子，其对其父母已尽到了生养死葬的义务，在未有争得被告同意的情况下，其父母无权将其房产全部无偿地赠送给他人。已赠送的行为是无效的，该房产应依法由被告继承。

一种观点认为应归原告所有。因为原告与其祖父母即被告的父母签订的赠与协议并不违反法律规定，也未有侵害他人的合法权益，该协议有效，故，该房产应依赠与协议归二原告按份所有。

本案争议的房产应根据赠与协议归二原告按分所有。该部分财产已不是赠与人的遗产，不应作为遗产进行继承，故二被告认为该房产系父母遗产应由其继承的理由不能成立。现该房屋面临拆迁，根据有关规定，二原告享有获得拆迁补偿的权利，二被告不应妨碍其对权利的行使。

30. 代书遗嘱不符法定形式要件，孙女要求继承房产被驳。

案例：为继承房产，小青持代书遗嘱将爷爷的后老伴告上法庭。北京市第二中级人民法院终审未予认定代书遗嘱之效力，驳回小青上诉，维持原审法院判决，驳回其诉讼请求的判决。

王先生与前妻李女士婚后未生育子女，后收养小青为孙女，并共同生活。1998 年 10 月，王先生与赵女士再婚，后未生育子女。2007 年 5 月，王先生自书遗嘱，载明："将属于我的房产产权和家庭财产赠与妻子赵女士所有，以照顾她的后半生，并将房产证的姓名由我改为赵女士"。王先生签字，捺手印。同年 7 月，王先生、赵女士共同到区建设委员会申请办理变更产权手续，将房屋产权过户到赵女士名下。同年 8 月，区建设委员会为赵女士发放了房屋所有权证。后王先生死亡。

后小青起诉到一审法院称，2007 年 7月，王先生立代书遗嘱，将房产继承给自己，有见证人李先生、张先生为证。赵女士在王先生死亡前，擅自将该房产变更到自己名下，其行为严重侵犯了自己合法权益。故要求判令将房产由自己继承。赵女士以小青提供的遗嘱无效，且其不属第一顺序法定继承人，不同意小青诉讼请求。

分析：一审法院经审理判决后，小青不服，上诉至二中院。

二中院经审理认为，王先生生前立字据将房屋赠与赵女士，并与赵女士共同申请办理了房屋产权变更手续，且房屋在王先生去世时已登记在赵女士名下，该遗赠已成立并完成。小青所述王先生于2007年7月所立遗嘱，为他人代书，王先生作为遗嘱人没有在该代书遗嘱上签字，不符合代书遗嘱的形式要件，所印指纹亦不清晰，不能确定为王先生所立遗嘱，且王先生在2007年7月25日与赵女士共同办理了产权过户手续，故小青所述的遗嘱不能成立。无论是继承人的地位，还是遗嘱的继承，小青要求继承该房屋的诉讼请求，都无法支持。

据此，法院作出上述判决。

31. 母亲再嫁留遗产，兄弟争房难理顺。

案例：母亲再嫁后去世，生前留遗嘱将自己应得财产给亲生儿子刘某，刘某遂起诉要求继承现被继父的儿子张某占用的房屋。

原告刘某之母任老太于1982年与被告张某之父张老汉再婚，当时张老汉有子女三人，大姐已出嫁，张某最小；

任老太有子女四人，刘某为老大。任老太与张老汉二人婚后未生育子女，与张某及其二姐共同生活。再婚前张老汉有 2 间旧房，后卖与他人，1983 年其以自己的名义，用家庭所有成员挣的约 600 元的工分，购买了村委会饲养处，一直闲置未用。1989 年，张某向大姐借款 3000 元，又和二姐各出部分钱共投资 4 千多元，在饲养处的使用范围内建起 5 间北房，1991 年张某又进行了装修，一直居住至今。

2004 年，张老汉因患病生活不能自理，刘某于 2007 年底将任老太接到家中生活。2008 年 6 月，张老汉去世；9 月，任老太去世。因母亲生前立遗嘱一份，表示其应得的财产归刘某所有，遂刘某诉至法院，要求按照遗嘱继承其母应得的房产 4.5 间。

诉讼中，刘某提供了三个妹妹出具的不继承母亲遗产的书面意见；张某大姐和二姐参加诉讼，表示将房屋中属于自己的份额让与张某。

分析：法院认为，被继承人死亡，生前未立遗嘱，其遗产应按法定继承进行分割。张某三姐弟及任老太均为第一顺序继承人可依法继承张老汉的遗产。后任老太尚未继承即死亡，其个人财产及应继承的遗产均由其继承人继承。张老汉与任老太再婚前的两间房屋已卖掉，不能作为张老汉的遗产；再婚后购买的饲养处，宜认定为张老汉夫妻、张某及其二姐的共有财产。事后，姐弟俩出资翻建北房也应认定为张老汉家庭共有财产，但考虑姐弟俩新建房屋时投入较高，故张老汉夫妻俩所占房屋的份额较少。

原、被告各占房屋的比例，依据现有证据并采纳双方合理意见依法予以确认。两个姐姐均表示自己的房屋份额让与张某，法院不持异议。

最终，法院判决五间北房中1/10的份额归张某所有，1/10的份额归刘某所有。

32. 继承放弃能否为撤销制度之标的?

案例：2002年10月，赵某向周某借款3万元做生意，由于没有看准市场行情，亏损严重，在设法归还了周某2万元借款后，余款再也无力偿还。今年5月，赵父病故，留下遗产8万元。赵某放弃继承权，将其父遗产全部归其母所有。周某得知此事后，找到赵某要求其从遗产中拿出1万元还债，余款再归其母所有。

赵某坚决不同意。据此，原告周某诉至法院，要求确认被告赵某放弃继承权行为无效，并依法判令其归还欠款。被告赵某则辩称：认为要不要遗产是自己的权利，也是自己的家务事，任何人无权干涉，并且自己放弃继承也是为表示孝心，算得上是在弘扬中华民族的优良传统，法律也会支持自己的。

分析：法院根据最高人民法院司法解释《关于执行若干问题的意见》（以下简称《意见》）第四十六条规定："继承人因放弃继承权，致使不能履行法定义务的，放弃继承权的行为无效"审理认为，被告赵某在负有债务的情况下放弃继承权，致使其不能偿付有关债务侵害债权人原告周某的合法债权，其放弃继承权的行为实属无效。据此，于近日判决被告赵某于判决生效后10日内归还原告周某1万元借款。原告表示满意，被告也表示服判息诉。

33. 养女能否继承亲生父母遗产？

案例：小时候父母将李小姐送人，由他人抚养长大。在李小姐亲生父母年老后，李小姐主动回到他们身边进行照顾，住院治疗的钱都是由李小姐支付，并且在两位老人去世后出钱进行安葬。两位老人身后留下一处房产，一直由李小姐亲生妹妹住着，李小姐与其协商处理父母遗产问题，其说李小姐是别人的养女就没有对亲生父母遗产的继承权了。李小姐真的没有继承权了吗？

分析：李小姐由他人抚养长大，与亲生父母权利义务关系消除，不具有法定继承权人资格。但是她对亲生父母生前赡养较多，身后又妥善安葬，依法可恰当分得亲生父母的遗产。在此说明一下，作为养子女，对养父母是享有法定继承权的，由亲生父母处分得遗产，不影响该继承权的享有。如果亲生父母想把财产全部留给自己送养他人的子女，应通过立遗嘱方式进行处理。

34. 孙子是否有义务承担爷爷的赡养费？

案例：小王母亲早年去世，父亲老王将其兄妹四人抚养长大，其大哥2000年去世，有一个已成年的儿子王某，父亲老王有没有权利要求孙子王某承担赡养义务、支付赡养费？

分析：子女赡养扶助父母是其应尽的法定义务，而面对祖父母和外祖父母而言，孙子女和外孙子女则并非理所当然的就是法定的赡养义务人，只是在及特殊的情况下，子女无法履行应尽的赡养义务如子女死亡或者子女没有赡养能力时，有负担能力的孙子女、外孙子女对祖父母或者外祖父母有赡养的义务。前面提到的“子女死亡”是指所有的子女都属于这种情况，换言之，只要子女中还有人具备赡养能力，孙子女、外孙子女就无需承担赡养义务。

35. “倒插门”儿子能否拒绝赡养父母?

案例：农村的贺大爷夫妇有两个儿子，大儿子随由于贺大爷夫妇生活，小儿子则“倒插门”。小儿子结婚时与父母签订协议：不要父母彩礼，不继承父母遗产，今后也不赡养双亲。后来贺大爷夫妇年老多病且失去劳动能力，加之老伴病情加重住进医院，生活更是苦不堪言。由于大儿子的经济收入也不高，也无法承受昂贵的医疗费用。贺大爷找到小儿子，要求他尽些赡养义务，并负担部分治疗费用，但被小儿子拒绝。无奈之下，贺大爷起诉到法院。法院认为，小儿子与以不要财物和放弃继承权为由，拒绝履行赡养父母的义务违反了法律规定，与父母签订的协议不受法律保护，属无效协议。判决小儿子必须履行赡养父母义务并承担医疗费用。

分析：子女赡养父母是法定义务，不得附任何条件，更不能拒绝。子女不能以放弃继承权为由，放弃赡养父母的义务，也不得以父母早年对子女未尽抚养义务为由，拒绝赡养父母。此外养子女，有抚养关系的继子女都应对养父母和继父母尽赡养义务。

36. 继承纠纷，重在确定遗产

案例：王大爷老两口有俩儿子，2000 年大儿子遇车祸身亡。王大爷也于 2005 年病故，留有房屋两套，存款 10 万元。王大爷过世后老伴随儿媳生活。两套房屋，一套暂由次子居住，另一套用于出租。2006 年 11 月，小儿子私自将出租的房屋出售，并办理了过户手续。同年底，又将其居住的房屋过户到自己名下。知道此事后，王大娘要求小儿子返还其居住的房屋及卖房所得价款，遭拒。王大娘只得诉至法院。

分析：首先，根据《婚姻法》的规定，夫妻在婚姻关系存续期间所得的财产，归夫妻共同所有。应当先将共同所有的财产的一半分出来为配偶所有，其余的为被继承人的遗产。因此王大爷的遗产就只有一套房屋及 6 万元存款。

其次，确定继承人，无遗嘱就按法定继承来处理。配偶、子女、父母是第一顺序的继承人。根据《继承法》规定："被继承人的子女先于被继承人死亡的，由被继承人的子女的晚辈直系血亲代位继承。"也就是说，长子先于王大爷死亡，王大爷的孙子女可以取得代位继承权，继承他们父亲有权继承的份额。那么现在继承人就应该是王大娘、小儿子和大儿子的孩子三人。王大娘可以要求次子返还属于自己那份卖房所得款。

37. 订立遗嘱别侵害了弱者权益

案例：郑某与丈夫刘某育有一女，又于早年收养一两岁男孩郭某。因丈夫早逝，郑某一人含辛茹苦将一双儿女抚养成人。在一次朋友聚会上，郭某无意中得知自己的身世，对养母的态度从此一落千丈。今年1月底，郭某在与其子外出置办年货时，不小心滑入路边深沟，被送往医院。在住院治疗期间，郭某立下遗嘱一份，将个人全部财产（3间房屋、5万元存款）归其子继承。后其因医治无效于10日后死亡。

今年3月底，已86岁高龄的郑某委托律师向法院提起诉讼，要求重新分割遗产。法院经审理认为，郭某生前所立遗嘱虽然合法有效，但原告与郭某系养母子关系，实际上多年来一直依靠郭某赡养。郭某死亡后，老人已没有生活来源，且年近九旬，丧失了劳动能力，根据我国《继承法》等有关法律规定，遗嘱继承应当对没有劳动能力又缺乏生活来源的继承人保留必要的份额，剩余遗产按遗嘱继承。据此，法院判决被告郭某之子返还郑某遗产2万元、房屋1间。

分析：我国法律在赋予公民用遗嘱处分自己财产权利的同时，也对公民行使这种处分权作了必要的限制。我国《继承法》规定："遗嘱应当对缺乏劳动能力又没有生活来源的继承人保留必要的遗产份额。"最高人民法院《关于贯彻执行〈继承法〉若干问题的意见》里也规定："遗嘱人未保留缺乏劳动能力又没有生活来源的继承人的遗产份额，遗产处理时，应当为该继承人留下必要的遗产，所剩余的部分，才可参照遗嘱确定的分配原则处理。”上述条文属于法律的强制性规定，公民在立遗嘱时必须执行。

38. “托老”需要进行明确约定

案例：73岁的刘大爷日前将其所住的养老院起诉到法院，原因是养老院对其进行了严重的人身损害。原来，刘大爷喜好喝酒，经常是酒后言行失常。今年3月的一天，出外酗酒归来的刘大爷追打服务人员并辱骂其他老人，养老院于是将他强行绑在床上睡觉，结果导致刘大爷双手腕及背部软组织挫伤。法官认为，虽然刘大爷外出酗酒，但养老院应当采取妥善的方式以避免刘大爷发生意外，不应该用粗暴的捆绑方式限制刘大爷，从而造成其受伤的后果，因此判决养老院承担全部责任。

分析：虽然现行法律并没有要求老人或家属与养老院必须签订明确的“托老”合同，但为了避免不必要的麻烦，老年人或家属必须要与养老院签订正式的书面合同，对养老院应履行何种程度的看护义务要有明确约定，不能只达成口头协议。这样，老年人在出了意外或者受到伤害，双方就有明确的责任了。

39. 交通肇事损害谁来赔偿？

案例：张老太退休在家，某日在过马路的时候遭遇交通事故，肇事者缴纳住院押金后，就不管不问了，张老太该如何确定肇事者的赔偿责任？

分析：交通事故的基本处理程序一般为，交警部门根据事故发生的原因，确定交通事故发生的责任，下达交通事故责任认定书，责任认定书一般为法院确定肇事方民事赔偿责任的主要依据。确定交通事故责任后，交警部门会依据双方意愿就民事赔偿进行调解，不愿调解或调解不成的，受害方就需要向法院提起民事赔偿之诉以维护合法权益。如果受害方家庭困难，暂无力支付后续治疗费，可持有关部门证明要求保险公司先行垫付医疗费；其次，交通事故责任认定书是确定民事赔偿责任的主要依据，应积极提出肇事方过错的证据和意见。

40. 老年人消费维权纠纷。

案例：王大爷的房屋外墙漏水，想找一家维修公司维修。在看到某维修公司在青岛一知名报纸上打着“没有堵不住的防水，没有做不了渗漏”的广告后，王大爷遂请该维修公司维修。经过一番维修，维修公司说以后不会再漏水了，并在给王大爷的付款收据上写到，保修期一年。但一年后，王大爷的房屋又开始漏水，王大爷找维修公司理论，维修公司称，一年的保修期已过，维修公司对房屋漏水不在承担责任。无奈，王大爷起诉到法院。法院认为，维修公司在广告宣传时，打着“没有堵不住的防水，没有做不了渗漏”的广告，实际上并没有能力实现广告上的防水堵漏效果，是虚假宣传，应当承担责任。判决由维修公司重新对房屋进行防水维修，并在五年内免费维修。

分析：本案中，认定维修公司存在欺诈行为的关键是当年在报纸上刊登的广告和维修公司的宣传材料。所以在进行维权时，关键是保存好这些宣传材料，在今后可能发生的纠纷中，作为证据使用。

附录1：《中华人民共和国老年人权益保障法》

第一章　总　　则

第一条　为保障老年人合法权益，发展老年事业，弘扬中华民族敬老、养老的美德，根据宪法，制定本法。

第二条　本法所称老年人是指六十周岁以上的公民。

第三条　国家和社会应当采取措施，健全对老年人的社会保障制度，逐步改善保障老年人生活、健康以及参与社会发展的条件，实现老有所养、老有所医、老有所为、老有所学、老有所乐。

第四条　国家保护老年人依法享有的权益。

老年人有从国家和社会获得物质帮助的权利，有享受社会发展成果的权利。

禁止歧视、侮辱、虐待或者遗弃老年人。

第五条　各级人民政府应当将老年事业纳入国民经济和社会发展计划，逐步增加对老年事业的投入，并鼓励社会各方面投入，使老年事业与经济、社会协调发展。

国务院和省、自治区、直辖市人民政府采取组织措施，协调有关部门做好老年人权益保障工作，具体机构由国务院和省、自治区、直辖市人民政府规定。

第六条 保障老年人合法权益是全社会的共同责任。

国家机关、社会团体、企业事业组织应当按照各自职责，做好老年人权益保障工作。

居民委员会、村民委员会和依法设立的老年人组织应当反映老年人的要求，维护老年人合法权益，为老年人服务。

第七条 全社会应当广泛开展敬老、养老宣传教育活动，树立尊重、关心、帮助老年人的社会风尚。

青少年组织、学校和幼儿园应当对青少年和儿童进行敬老、养老的道德教育和维护老年人合法权益的法制教育。

提倡义务为老年人服务。

第八条 各级人民政府对维护老年人合法权益和敬老、养老成绩显著的组织、家庭或者个人给予表扬或者奖励。

第九条 老年人应当遵纪守法，履行法律规定的义务。

第二章 家庭赡养与扶养

第十条 老年人养老主要依靠家庭，家庭成员应当关心和照料老年人。

第十一条 赡养人应当履行对老年人经济上供养、生活上照料和精神上慰藉的义务，照顾老年人的特殊需要。

赡养人是指老年人的子女以及其他依法负有赡养义务的人。

赡养人的配偶应当协助赡养人履行赡养义务。

第十二条 赡养人对患病的老年人应当提供医疗费用和护理。

第十三条 赡养人应当妥善安排老年人的住房，不得强迫老年人迁居条件低劣的房屋。

老年人自有的或者承租的住房，子女或者其他亲属不得侵占，不得擅自改变产权关系或者租赁关系。

老年人自有的住房，赡养人有维修的义务。

第十四条 赡养人有义务耕种老年人承包的田地，照管老年人的林木和牲畜等，收益归老年人所有。

第十五条 赡养人不得以放弃继承权或者其他理由，拒绝履行赡养义务。

赡养人不履行赡养义务，老年人有要求赡养人付给赡养费的权利。

赡养人不得要求老年人承担力不能及的劳动。

第十六条 老年人与配偶有相互扶养的义务。

由兄、姐扶养的弟、妹成年后，有负担能力的，对年老无赡养人的兄、姐有扶养的义务。

第十七条 赡养人之间可以就履行赡养义务签订协议，并征得老年人同意。居民委员会、村民委员会或者赡养人所在组织监督协议的履行。

第十八条 老年人的婚姻自由受法律保护。子女或者其他亲属不得干涉老年人离婚、再婚及婚后的生活。

赡养人的赡养义务不因老年人的婚姻关系变化而消除。

第十九条 老年人有权依法处分个人的财产,子女或者其他亲属不得干涉,不得强行索取老年人的财物。

老年人有依法继承父母、配偶、子女或者其他亲属遗产的权利,有接受赠予的权利。

第三章 社会保障

第二十条 国家建立养老保险制度,保障老年人的基本生活。

第二十一条 老年人依法享有的养老金和其他待遇应当得到保障。有关组织必须按时足额支付养老金,不得无故拖欠,不得挪用。

国家根据经济发展、人民生活水平提高和职工工资增长的情况增加养老金。

第二十二条 农村除根据情况建立养老保险制度外,有条件的还可以将未承包的集体所有的部分土地、山林、水面、滩涂等作为养老基地,收益供老年人养老。

第二十三条 城市的老年人,无劳动能力、无生活来源、无赡养人和扶养人的,或者其赡养人和扶养人确无赡养能力或者扶养能力的,由当地人民政府给予救济。

农村的老年人,无劳动能力、无生活来源、无赡养人和扶养人的,或者其赡养人和扶养人确无赡养能力或者扶养能力的，由农村集体经济组织负担保吃、保穿、保住、保医、保葬的五保供养，乡、民族乡、镇人民政府负责组织实施。

第二十四条 鼓励公民或者组织与老年人签订扶养协议或者其他扶助协议。

第二十五条 国家建立多种形式的医疗保险制度，保障老年人的基本医疗需要。

有关部门制定医疗保险办法，应当对老年人给予照顾。

老年人依法享有的医疗待遇必须得到保障。

第二十六条 老年人患病，本人和赡养人确实无力支付医疗费用的，当地人民政府根据情况可以给予适当帮助，并可以提倡社会救助。

第二十七条 医疗机构应当为老年人就医提供方便，对七十周岁以上的老年人就医，予以优先。有条件的地方，可以为老年病人设立家庭病床，开展巡回医疗等服务。

提倡为老年人义诊。

第二十八条 国家采取措施，加强老年医学的研究和人才的培养，提高老年病的预防、治疗、科研水平。

开展各种形式的健康教育，普及老年保健知识，增强老年人自我保健意识。

第二十九条 老年人所在组织分配、调整或者出售住房，应当根据实际情况和有关标准照顾老年人的需要。

第三十条 新建或者改造城镇公共设施、居民区和住宅，应当考虑老年人的特殊需要，建设适合老年人生活和活动的配套设施。

第三十一条 老年人有继续受教育的权利。

国家发展老年教育，鼓励社会办好各类老年学校。

各级人民政府对老年教育应当加强领导，统一规划。

第三十二条 国家和社会采取措施，开展适合老年人的群众性文化、体育、娱乐活动，丰富老年人的精神文化生活。

第三十三条 国家鼓励、扶持社会组织或者个人兴办老年福利院、敬老院、老年公寓、老年医疗康复中心和老年文化体育活动场所等设施。

地方各级人民政府应当根据当地经济发展水平，逐步增加对老年福利事业的投入，兴办老年福利设施。

第三十四条 各级人民政府应当引导企业开发、生产、经营老年生活用品，适应老年人的需要。

第三十五条 发展社区服务，逐步建立适应老年人需要的生活服务、文化体育活动、疾病护理与康复等服务设施和网点。

发扬邻里互助的传统，提倡邻里间关心、帮助有困难的老年人。

鼓励和支持社会志愿者为老年人服务。

第三十六条 地方各级人民政府根据当地条件，可以在参观、游览、乘坐公共交通工具等方面，对老年人给予优待和照顾。

第三十七条 农村老年人不承担义务工和劳动积

累工。

第三十八条 广播、电影、电视、报刊等应当反映老年人的生活，开展维护老年人合法权益的宣传，为老年人服务。

第三十九条 老年人因其合法权益受侵害提起诉讼交纳诉讼费确有困难的，可以缓交、减交或者免交；需要获得律师帮助，但无力支付律师费用的，可以获得法律援助。

第四章 参与社会发展

第四十条 国家和社会应当重视、珍惜老年人的知识、技能和革命、建设经验，尊重他们的优良品德，发挥老年人的专长和作用。

第四十一条 国家应当为老年人参与社会主义物质文明和精神文明建设创造条件。根据社会需要和可能，鼓励老年人在自愿和量力的情况下，从事下列活动：

（一）对青少年和儿童进行社会主义、爱国主义、集体主义教育和艰苦奋斗等优良传统教育；

（二）传授文化和科技知识；

（三）提供咨询服务；

（四）依法参与科技开发和应用；

（五）依法从事经营和生产活动；

（六）兴办社会公益事业；

（七）参与维护社会治安、协助调解民间纠纷；

（八）参加其他社会活动。

第四十二条 老年人参加劳动的合法收入受法律保护。

第五章 法律责任

第四十三条 老年人合法权益受到侵害的，被侵害人或者其代理人有权要求有关部门处理，或者依法向人民法院提起诉讼。

人民法院和有关部门，对侵犯老年人合法权益的申诉、控告和检举，应当依法及时受理，不得推诿、拖延。

第四十四条 不履行保护老年人合法权益职责的部门或者组织，其上级主管部门应当给予批评教育，责令改正。

国家工作人员违法失职，致使老年人合法权益受到损害的，由其所在组织或者上级机关责令改正，或者给予行政处分；构成犯罪的，依法追究刑事责任。

第四十五条 老年人与家庭成员因赡养、扶养或者住房、财产发生纠纷，可以要求家庭成员所在组织或者居民委员会、村民委员会调解，也可以直接向人民法院提起诉讼。

调解前款纠纷时，对有过错的家庭成员，应当给予批评教育，责令改正。

人民法院对老年人追索赡养费或者扶养费的申请，可以依法裁定先予执行。

第四十六条 以暴力或者其他方法公然侮辱老年人、捏造事实诽谤老年人或者虐待老年人，情节较轻的，依照治安管理处罚条例的有关规定处罚；构成犯罪的，依法追究刑事责任。

第四十七条 暴力干涉老年人婚姻自由或者对老年人负有赡养义务、扶养义务而拒绝赡养、扶养，情节严重构成犯罪的，依法追究刑事责任。

第四十八条 家庭成员有盗窃、诈骗、抢夺、勒索、故意毁坏老年人财物，情节较轻的，依照治安管理处罚条例的有关规定处罚；构成犯罪的，依法追究刑事责任。

第六章 附 则

第四十九条 民族自治地方的人民代表大会，可以根据本法的原则，结合当地民族风俗习惯的具体情况，依照法定程序制定变通的或者补充的规定。

第五十条 本法自1996年10月1日起施行。

附录 2:《中华人民共和国继承法》

第一章　总　　则

第一条　根据《中华人民共和国宪法》规定，为保护公民的私有财产的继承权，制定本法。

第二条　继承从被继承人死亡时开始。

第三条　遗产是公民死亡时遗留的个人合法财产，包括：

（一）公民的收入；

（二）公民的房屋、储蓄和生活用品；

（三）公民的林木、牲畜和家禽；

（四）公民的文物、图书资料；

（五）法律允许公民所有的生产资料；

（六）公民的著作权、专利权中的财产权利；

（七）公民的其他合法财产。

第四条　个人承包应得的个人收益，依照本法规定继承。个人承包，依照法律允许由继承人继续承包的，按照承包合同办理。

第五条 继承开始后，按照法定继承办理；有遗嘱的，按照遗嘱继承或者遗赠办理；有遗赠扶养协议的，按照协议办理。

第六条 无行为能力人的继承权、受遗赠权，由他的法定代理人代为行使。

限制行为能力人的继承权、受遗赠权，由他的法定代理人代为行使，或者征得法定代理人同意后行使。

第七条 继承人有下列行为之一的，丧失继承权：

（一）故意杀害被继承人的；

（二）为争夺遗产而杀害其他继承人的；

（三）遗弃被继承的，或者虐待被继承人情节严重的；

（四）伪造、篡改或者销毁遗嘱，情节严重的。

第八条 继承权纠纷提起诉讼的期限为二年，自继承人知道或者应当知道其权利被侵犯之日起计算。但是，自继承开始之日起超过二十年的，不得再提起诉讼。

第二章 法定继承

第九条 继承权男女平等。

第十条 遗产按照下列顺序继承：

第一顺序：配偶、子女、父母。

第二顺序：兄弟姐妹、祖父母、外祖父母。

继承开始后，由第一顺序继承人继承，第二顺序继承人不继承。没有第一顺序继承人继承的，由第二顺序继承人继承。

本法所说的子女，包括婚生子女、非婚生子女、养子女和有扶养关系的继子女。

本法所说的父母，包括生父母、养父母和有扶养关系的继父母。

本法所说的兄弟姐妹，包括同父母的兄弟姐妹、同父异母或者同母异父的兄弟姐妹、养兄弟姐妹、有扶养关系的继兄弟姐妹。

第十一条 被继承人的子女先于被继承人死亡的，由被继承人的子女的晚辈直系血亲代位继承。代位继承人一般只能继承他的父亲或者母亲有权继承的遗产份额。

第十二条 丧偶儿媳对公、婆，丧偶女婿对岳父、岳母，尽了主要赡养义务的，作为第一顺序继承人。

第十三条 同一顺序继承人继承遗产的份额，一般应当均等。

对生活有特殊困难的缺乏劳动能力的继承人，分配遗产时，应当予以照顾。

对被继承人尽了主要扶养义务或者与被继承人共同生活的继承人，分配遗产时，可以多分。

有扶养能力和有扶养条件的继承人，不尽扶养义务的，分配遗产时，应当不分或者少分。

继承人协商同意的，也可以不均等。

第十四条 对继承人以外的依靠被继承人扶养的缺乏劳动能力又没有生活来源的人，或者继承人以外的对被继承人扶养较多的人，可以分给他们适当的遗产。

第十五条 继承人应当本着互谅互让、和睦团结的精神，协商处理继承问题。遗产分割的时间、办法和份额，由继承人协商确定。协商不成的，可以由人民调解委员会调解或者向人民法院提起诉讼。

第三章　遗嘱继承和遗赠

第十六条　公民可以依照本法规定立遗嘱处分个人财产，并可以指定遗嘱执行人。

公民可以立遗嘱将个人财产指定由法定继承人的一人或者数人继承。

公民可以立遗嘱将个人财产赠给国家、集体或者法定继承人以外的人。

第十七条　公证遗嘱由遗嘱人经公证机关办理。

自书遗嘱由遗嘱人亲笔书写，签名，注明年、月、日。

代书遗嘱应当有两个以上见证人在场见证，由其中一人代书，注明年、月、日，并由代书人、其他见证人和遗嘱人签名。

以录音形式立的遗嘱，应当有两个以上见证人在场见证。

遗嘱人在危急情况下，可以立口头遗嘱。口头遗嘱应当有两个以上见证人在场见证。危急情况解除后，遗嘱人能够用书面或者录音形式立遗嘱的，所立的口头遗嘱无效。

第十八条　下列人员不能作为遗嘱见证人：

（一）无行为能力人、限制行为能力人；

(二)继承人、受遗赠人;

(三)与继承人、受遗赠人有利害关系的人。

第十九条 遗嘱应当对缺乏劳动能力又没有生活来源的继承人保留必要的遗产份额。

第二十条 遗嘱人可以撤销、变更自己所立的遗嘱。

立有数份遗嘱,内容相抵触的,以最后的遗嘱为准。

自书、代书、录音、口头遗嘱,不得撤销、变更公证遗嘱。

第二十一条 遗嘱继承或者遗赠附有义务的,继承人或者受遗赠人应当履行义务。没有正当理由不履行义务的,经有关单位或者个人请求,人民法院可以取消他接受遗产的权利。

第二十二条 无行为能力人或者限制行为能力人所立的遗嘱无效。

遗嘱必须表示遗嘱人的真实意思,受胁迫、欺骗所立的遗嘱无效。

伪造的遗嘱无效。

遗嘱被篡改的,篡改的内容无效。

第四章 遗产的处理

第二十三条 继承开始后,知道被继承人死亡的继承人应当及时通知其他继承人和遗嘱执行人。继承人中无人知道被继承人死亡或者知道被继承人死亡而不能通知的,由被继承人生前所在单位或者住所地的居民委员会、村民委员会负责通知。

第二十四条 存有遗产的人，应当妥善保管遗产，任何人不得侵吞或者争抢。

第二十五条 继承开始后，继承人放弃继承的，应当在遗产处理前，作出放弃继承的表示。没有表示的，视为接受继承。

受遗赠人应当在知道受遗赠后两个月内，作出接受或者放弃受遗赠的表示。到期没有表示的，视为放弃受遗赠。

第二十六条 夫妻在婚姻关系存续期间所得的共同所有的财产，除有约定的以外，如果分割遗产，应当先将共同所有的财产的一半分出为配偶所有，其余的为被继承人的遗产。

遗产在家庭共有财产之中的，遗产分割时，应当先分出他人的财产。

第二十七条 有下列情形之一的，遗产中的有关部分按照法定继承办理：

（一）遗嘱继承人放弃继承或者受遗赠人放弃受遗赠的；

（二）遗嘱继承人丧失继承权的；

（三）遗嘱继承人、受遗赠人先于遗嘱人死亡的；

（四）遗嘱无效部分所涉及的遗产；

（五）遗嘱未处分的遗产。

第二十八条 遗产分割时，应当保留胎儿的继承份额。胎儿出生时是死体的，保留的份额按照法定继承办理。

第二十九条 遗产分割应当有利于生产和生活需要，不损害遗产的效用。

不宜分割的遗产，可以采取折价、适当补偿或者共有等方法处理。

第三十条 夫妻一方死亡后另一方再婚的，有权处分所继承的财产，任何人不得干涉。

第三十一条 公民可以与扶养人签订遗赠扶养协议。按照协议，扶养人承担该公民生养死葬的义务，享有受遗赠的权利。

公民可以与集体所有制组织签订遗赠扶养协议。按照协议，集体所有制组织承担该公民生养死葬的义务，享有受遗赠的权利。

第三十二条 无人继承又无人受遗赠的遗产，归国家所有；死者生前是集体所有制组织成员的，归所在集体所有制组织所有。

第三十三条 继承遗产应当清偿被继承人依法应当缴纳的税款和债务，缴纳税款和清偿债务以他的遗产实际价值为限。超过遗产实际价值部分，继承人自愿偿还的不在此限。

继承人放弃继承的，对被继承人依法应当缴纳的税款和债务可以不负偿还责任。

第三十四条 执行遗赠不得妨碍清偿遗赠人依法应当缴纳的税款和债务。

第五章 附 则

第三十五条 民族自治地方的人民代表大会可以根据

本法的原则，结合当地民族财产继承的具体情况，制定变通的或者补充的规定。自治区的规定，报全国人民代表大会常务委员会备案。自治州、自治县的规定，报省或者自治区的人民代表大会常务委员会批准后生效，并报全国人民代表大会常务委员会备案。

第三十六条 中国公民继承在中华人民共和国境外的遗产或者继承在中华人民共和国境内的外国人的遗产，动产适用被继承人住所地法律，不动产适用不动产所在地法律。

外国人继承在中华人民共和国境内的遗产或者继承在中华人民共和国境外的中国公民的遗产，动产适用被继承人住所地法律，不动产适用不动产所在地法律。

中华人民共和国与外国订有条约、协定的，按照条约、协定办理。

第三十七条 本法自一九八五年十月一日起施行。